| 暨南大学港澳台侨研究生专用教材资助项目 |

近现代
国际关系史讲稿

朱鹏 ◎ 主编

SPM 南方传媒 | 广东经济出版社
·广州·

图书在版编目（CIP）数据

近现代国际关系史讲稿 / 朱鹏主编. —广州：广东经济出版社，2022. 7
ISBN 978-7-5454-8373-4

Ⅰ. ①近… Ⅱ. ①朱… Ⅲ. ①国际关系史—近现代—文集 Ⅳ. ①D819-53

中国版本图书馆CIP数据核字（2022）第091504号

责任编辑：梁雪莹
责任校对：梁燕飞
责任技编：陆俊帆
封面设计：孙 洋

近现代国际关系史讲稿
JINXIANDAI GUOJI GUANXISHI JIANGGAO

出版人	李 鹏
出 版 发 行	广东经济出版社（广州市环市东路水荫路11号11～12楼）
经 销	全国新华书店
印 刷	广东虎彩云印刷有限公司 （广东省东莞市虎门镇黄村社区厚虎路20号C栋一楼）
开 本	787毫米×1092毫米 1/16
印 张	8. 5
字 数	134千字
版 次	2022年7月第1版
印 次	2022年7月第1次
书 号	ISBN 978-7-5454-8373-4
定 价	69. 00元

图书营销中心地址：广州市环市东路水荫路11号11楼
电话：（020）87393830 邮政编码：510075
如发现印装质量问题，影响阅读，请与本社联系
广东经济出版社常年法律顾问：胡志海律师

目　录

专题一

威斯特伐利亚体系

17世纪初，欧洲政治格局发生了巨大变化，由天主教与新教之间的矛盾而引发的“三十年战争”，几乎将所有欧洲国家都卷入其中。1648年，交战各国最终达成妥协，签订了《威斯特伐利亚和约》，以召开国际会议及签订和约的方式结束了战争。《威斯特伐利亚和约》是近代国际关系形成的重要标志，欧洲由此进入了“威斯特伐利亚体系”时代。

一、“三十年战争”

“三十年战争”前的欧洲长期处于天主教的深刻影响之下，罗马教皇不仅是欧洲民众精神上的领袖，还把世俗政权牢牢掌控在手中，政教合一的统治造成教会内部腐败奢靡、西欧社会动荡不安等诸多问题。1517年，马丁·路德发起并领导的宗教改革运动席卷了整个欧洲，这场运动中出现的路德派、加尔文派等新教派改变了天主教一统欧洲的局面。神圣罗马帝国诸侯在信仰上出现了严重的分歧，逐渐分裂为天主教与新教两派，双方间的斗争持续不断，冲突时有发生。1555年，神圣罗马帝国皇帝查理五世与德意志新教诸侯签订《奥格斯堡宗教和约》，自此新教在法律上取得了与天主教平等的地位。根据“教随国定”的原则，德意志北部的新教诸侯不仅彻底脱离了天主教，而且拒绝放弃教区控制权，这引起了西部与东南部信奉天主教各邦的不满。16世纪末17世纪初，双方矛盾愈演愈烈，《奥格斯堡宗教和约》渐渐失去了约束力，最终以“掷出窗外事件”为导火索引发了“三十年战争”（1618—1648）。

“掷出窗外事件”是波希米亚（今捷克）人民反抗神圣罗马帝国的民族宗教起义。波希米亚长期处在神圣罗马帝国的统治之下，境内新教徒通过15世纪至16世纪末的长期斗争才赢得了信仰自由权。1617年，狂热的天主教徒斐迪南公爵受命担任波希米亚国王后，大肆推行反宗教改革运动，严酷迫害新教徒。1618年5月23日，波希米亚的新教徒发动起义，冲入王宫，将斐迪南派遣的两位使臣从窗户扔出，史称“掷出窗外事件”。该事件发生后，起义的新教徒废黜了斐迪南的王位，推举信仰新教的巴拉丁选侯腓特烈五世为新国王。斐迪南不甘心就此罢休，纠集天主教同盟发动反攻，以武力收复波希米亚，并把欧洲诸国也卷入其中，长达30年的战争自此开始。

“三十年战争”以新教徒和天主教徒之间的宗教冲突开始，逐步演化为一场大规模的国际战争。参战双方分别是：以哈布斯堡王朝为首的天主教同盟，主要有奥地利、西班牙、波兰、立陶宛等，并得到罗马教皇的支持；由瑞典、法国、丹麦、荷兰等组成的反哈布斯堡同盟，英、俄、捷克、意大利等国也参与其中。战争进程大致分为四个阶段：波希米亚阶段（1618—1623）、丹麦阶段（1625—1629）、瑞典阶段（1630—1635）、瑞典–法国阶段（1635—1648年）。这场旷日持久的战争最后以哈布斯堡王朝战败，参战各国签订《威斯特伐利亚和约》而告终。战争过程中宗教色彩逐步淡化，争取国家利益和争夺欧洲霸权成为真正的焦点。

战争的第一阶段，神圣罗马帝国在天主教联盟的帮助下镇压起义，波希米亚约有四分之三的地主土地落入帝国的地主之手，帝国的统治者更是强迫波希米亚的百姓改信天主教。然而，英国、丹麦等新教国家都不愿看到神圣罗马帝国皇帝再度在全国实施有效的统治。

1625年，信奉新教的丹麦国王克里斯蒂安四世在英、法、荷三国的支持下与新教联盟共同向神圣罗马帝国皇帝发动进攻，战争进入第二阶段。当然，丹麦参战并非完全出于宗教原因，更重要的目的是在北德扩张领土，与瑞典竞逐波罗的海霸权。结果丹麦军队被雇佣兵首领华伦斯坦率领的军队击败，被迫于1629年5月与神圣罗马帝国签订《吕贝克和约》，并保证不再插手德意志事务。通过第二阶段的战争，神圣罗马帝国的势力延伸至波罗的海。

神圣罗马帝国的扩张引起了信仰新教、争夺波罗的海制海权的瑞典的不安。1630年，瑞典在法国提供的军火和财力支持下进军北德意志。战争初期，瑞典军队连战连捷，一度占据上风。但是，在1632年吕岑会战中，瑞典国王战死，瑞典军队的指挥能力大打折扣。此后，瑞典败多胜少，直至无力再战，不得不向神圣罗马帝国妥协。1635年，新教联盟与神圣罗马帝国皇帝签订《布拉格和约》，神圣罗马帝国赢得了战争第三阶段的胜利。

面对哈布斯堡王朝势力的不断扩张，一直躲在幕后、企图渔翁得利的法国不得不走到台前，直接出兵与瑞典联合对哈布斯堡王朝作战。战争进入第四阶段，法国–瑞典同盟军多次击溃神圣罗马帝国的军队。最后，由于战争各方都疲于连年战事，不得不罢战议和。

事实上，参战各国早在1644年就开始了停战谈判，但参会国家众多，利益诉求不同，各国都想在正式停战前尽可能多获益，致使整个谈判过程持续5年之久，直到1648年10月才正式达成和平协议，缔结了两个和约——《奥斯纳布吕克条约》与《闵斯特条约》，合称《威斯特伐利亚和约》，至此“三十年战争”完全结束。

二、《威斯特伐利亚和约》的主要内容

和约的主要内容包括：

第一，法国获得整个阿尔萨斯地区（斯特拉斯堡除外），并占领洛林地区的麦茨、土尔、凡尔登三个主教区。瑞典获得了波美拉尼亚地区的西半部、什切青城以及不来梅和费尔登两个主教区，从而得到了波罗的海和北海南岸的重要港口。勃兰登堡–普鲁士获得东波美拉尼亚地区、马格德堡大主教区、哈勃斯达、卡明和明登主教区，萨克森得到鲁沙提亚地区，巴伐利亚得到上巴拉丁，成为第八选侯。

第二，神圣罗马帝国境内各诸侯国有主权及外交自主权，但不得对皇帝及皇室宣战；神圣罗马帝国皇帝无权决定任何重大问题，如宣战、媾和、课税和征兵等；神圣罗马帝国皇帝选举不得在现任皇帝在世时进行，以免皇帝干预，影响选举结果。

第三，正式承认荷兰、瑞士为独立国家，法国和瑞典在神圣罗马帝国议会有代表权。

第四，对1555年的《奥格斯堡宗教和约》的原则予以重新确认，确立加尔文教在神圣罗马帝国境内的合法宗教地位，同时新教徒和天主教徒享有平等的法律地位。各诸侯国可自行确定官方宗教，路德派和加尔文派成为合法宗教。

第五，教产归属应以1624年的归属状况为标准，凡在此之前占有的教产可以保留（在普法尔茨及其联盟地区，以1619年为标准年）。

三、威斯特伐利亚体系的影响

《威斯特伐利亚和约》的签订，标志着近代国际关系的开始，确立了一个新的欧洲格局和国际关系体系，即威斯特伐利亚体系。这一体系意义重大，影响深远。

第一，暂时缓和了天主教与新教派的矛盾。《威斯特伐利亚和约》签订后，天主教一统西欧的局面被打破，神圣罗马帝国所倡导的教权高于王权的思想受到沉重打击，和约为各国处理外交和宗教事务提供了一个法律保障和参考。

第二，造就了新的政治格局。和约使主权国家的概念逐渐成为国际法和世界秩序的重要思想基础。神圣罗马帝国被迫承认各诸侯国在内政外交和宗教事务上的自由，诸侯国已经获得实质上的国家主权。国家主权至上成为国际关系的基本原则。

第三，改变了欧洲国家的力量对比。法国获得大量土地，为日后称霸欧洲奠定了基础。荷兰击败西班牙，一度成为17世纪的海上霸主。瑞典掌握北海沿岸重要港口，成为北欧强国。奥地利哈布斯堡王朝受到沉重打击，神圣罗马帝国陷入分崩离析的境地。

第四，开创了以国际会议解决国际争端的先河。和约对各国的行为进行了法律上的约束，使国家间的侵略战争得到遏制，反对干预别国内政的准则开始得到认可，为维持和促进欧洲乃至世界和平开辟了新的道路。

第五，创建了外交常驻代表机构的制度。和约缔结后，各国普遍开始设立外交常驻使节，建立经常性的沟通协调机制。

此外，《威斯特伐利亚和约》提出的主权国家平等、和平解决争端、禁止使用武力、均衡势力、共同安全保障、集体制裁等诸多概念，对现代国际法的形成与发展也产生了深远影响。

四、国内学术界关于威斯特伐利亚体系的研究

国内学术界关于威斯特伐利亚体系的研究，按照不同角度大致可分为如下几类：

（一）国际关系视角

刘德斌主编的《国际关系史》充分肯定了威斯特伐利亚体系在国际关系史上的地位，认为该体系结束了“三十年战争”，开创了用国际会议的形式解决国际争端的先河，确立了国家主权原则，创立了国际法中条约必须遵守，对违约国可实行集体制裁的先例，确立了常驻外交使节制度以及欧洲的均势格局。[①] 计秋枫在《略论近代欧洲国际体系的建立与演变》中探讨了近代欧洲国际体系的建立及其内在结构，认为威斯特伐利亚体系是以国家主权理论为基础，依靠共同的外交实践和国际行为准则等来维系，按照“力量均衡”原则和国际协调来运作的。这种“均衡”有“相互补偿”的一面，即会牺牲弱国的利益以维持均势。[②] 高宏彪在《〈威斯特伐利亚和约〉的历史影响》一文中认为《威斯特伐利亚和约》会促生新的国际体系，《威斯特伐利亚和约》至今仍是近现代国际关系理论的基石。[③] 李明倩的博士论文《〈威斯特伐利亚和约〉研究——以近代国际法的形成为中心》所持观点与之基本相同。[④] 杨国顺的《威斯特伐利亚体系和维也纳体系的形成和特征——兼谈欧洲统一性内涵的近代化》以和约与欧洲统一关系为切入点，认为“三十年战争”和《威斯特伐利亚和约》把对神圣罗马帝国和基督教“统一”的否定付诸实践，将欧洲分散的行为体重新整合，改变了欧洲的政治文化纽带，是欧洲统一性内涵开始向近代演变的标志，威斯特伐利亚体系是近代国际关系

① 刘德斌：《国际关系史》，高等教育出版社，2003，第44–67页。
② 计秋枫：《略论近代欧洲国际体系的建立与演变》，《江苏社会科学》1995年第5期。
③ 高宏彪：《〈威斯特伐利亚和约〉的历史影响》，《黑龙江史志》2009年第19期。
④ 李明倩：《〈威斯特伐利亚和约〉研究——以近代国际法的形成为中心》，博士学位论文，华东政法大学法律学院，2012，第174–181页。

的开端。[①]王勇的《国际关系治理模式的演进及其逻辑》将威斯特伐利亚体系置于国际关系治理模式的演进中进行考察，认为从威斯特伐利亚体系开始，确立了主权国家治理的原则。从威斯特伐利亚体系建立到第一次世界大战，国际社会都处于单一国家治理阶段。[②]钮松的《现代国际体系的构建与转型》认为《威斯特伐利亚和约》拉开了现代国际关系的序幕，当前的国际体系也是威斯特伐利亚体系的延续。该文还从威斯特伐利亚体系存在的问题中追寻当前国际危机产生的根源，为国际关系的转型提出建议。[③]吴忠超在《〈威斯特伐利亚条约〉与近代民族国家体系建立的新思考》一文中就和约在近代欧洲国际体系建立过程中的作用做了探索，认为威斯特伐利亚体系最大的意义是确立国家的主权身份和在国际关系中独立进行对外交往的平等权利，从而开启了主权国家作为基本行为主体的近现代国际关系体系的大门。[④]

关于威斯特伐利亚体系遇到的挑战，刘德斌和任东波在《世界历史的视野与国际关系研究的重建——来自巴里·布赞的挑战》中肯定了布赞对威斯特伐利亚“情结”的超越。他提出威斯特伐利亚“情结”包含现代主义、非历史主义、欧洲中心主义、无政府主义偏好和国家中心主义，认为这种“情结”不但左右了大多数的国际关系理论研究，而且渗透到国际关系史的研究和编撰中。[⑤]王丽庆在《略论〈威斯特伐利亚和约〉的历史及现实意义》一文中除了分析《威斯特伐利亚和约》之外，还提到20世纪以来，“主权过时论”“人权高于主权论”使威斯特伐利亚体系遇到了巨大的挑战，她认为这些论调只是一些西方发达国家企图干涉别国内政的借口。[⑥]

而在另一方面，李世安的《历史学与国际关系学——略论国际关系研究

① 杨国顺：《威斯特伐利亚体系和维也纳体系的形成和特征——兼谈欧洲统一性内涵的近代化》，《辽宁大学学报（哲学社会科学版）》2005年第1期。

② 王勇：《国际关系治理模式的演进及其逻辑》，《重庆社会主义学院学报》2015年第1期。

③ 钮松：《现代国际体系的构建与转型》，《系统科学学报》2014年第3期。

④ 吴忠超：《〈威斯特伐利亚条约〉与近代民族国家体系建立的新思考》，《历史教学问题》2000年第2期。

⑤ 刘德斌、任东波：《世界历史的视野与国际关系研究的重建——来自巴里·布赞的挑战》，《吉林大学社会科学学报》2003年第4期。

⑥ 王丽庆：《略论〈威斯特伐利亚和约〉的历史及现实意义》，《山西高等学校社会科学学报》2008年第7期。

中的几个重要问题》认为由和约所规定的处理国际关系的“主权”和“平等”原则没有过时，其后建立起的维也纳体系、凡尔赛-华盛顿体系和雅尔塔体系、联合国等，都没有超出《威斯特伐利亚和约》规定的国家主权和平等的范围。因此，近现代国际关系的发展并没有超越《威斯特伐利亚和约》原则的内容，《威斯特伐利亚和约》是近现代国际关系的奠基石，完全适应近现代国际关系的发展，反驳了巴里·布赞的“紧身衣”论。① 刘鸣、黄仁伟、顾永兴在《转型中的国际体系：中国与各主要力量的关系》一文中认为，仅依据目前阶段发生的现象，不能断言超越威斯特伐利亚体系的时刻已经来临，认为人们要超越对威斯特伐利亚国家体系的固有观念、行为体和目前国际政治基本范式的大框架还为时过早。② 潘亚玲的《试论全球化下威斯特伐利亚体系的生存能力》，从探讨威斯特伐利亚体系的初始逻辑出发，全面分析了该体系的宽容、自由放任以及自我超越的逻辑，并与现实对立面相比较，从而总结出威斯特伐利亚体系有着相当大的弹性，认为目前国际关系的发展很大程度上是对其初始逻辑的回归，而非超越。③ 简军波的《当前国际体系分析》认为当前国际体系包括威斯特伐利亚体系、后威斯特伐利亚体系、霸权体系和帝国体系。威斯特伐利亚体系的特征是主权国家与平等秩序，后威斯特伐利亚体系则是弱化的主权国家与共同体秩序。④

（二）国际政治视角

马晓旭的《欧洲“三十年战争”对近代政治的影响》认为，“三十年战争”推动了国际均势格局的形成。⑤ 宋静的《范式的变迁：从国际政治到全球政治》将威斯特伐利亚体系置于国际政治范式的发展中予以研究，认为威斯特伐利亚体系开启了人类社会的国际政治时代，国家成为国际关系的行为

① 李世安：《历史学与国际关系学——略论国际关系研究中的几个重要问题》，《河南师范大学学报（哲学社会科学版）》2004年第1期。

② 刘鸣、黄仁伟、顾永兴：《转型中的国际体系：中国与各主要力量的关系》，《国际问题研究》2008年第4期。

③ 潘亚玲：《试论全球化下威斯特伐利亚体系的生存能力》，《教学与研究》2011年第7期。

④ 简军波：《当前国际体系分析》，《学术探索》2008年第5期。

⑤ 马晓旭：《欧洲“三十年战争”对近代政治的影响》，《山西高等学校社会科学学报》2010年第8期。

主体，大国在国际关系上发挥重要作用。[①] 杨啸林在其硕士学位论文《政治经济视野下的威斯特伐利亚体系》中将该体系分为起源、成形、转型、再平衡、终结五个阶段，并分析了威斯特伐利亚体系背后隐含的欧洲内部反封建化进程，认为殖民主义的发展是欧洲内部矛盾外化的结果。[②] 冯绍雷的《疫情危机与世界秩序重构》从政治经济视角阐述了大危机与世界秩序的内在联系，认为威斯特伐利亚体系是欧洲内部多元化的最初形式。该体系的各项规定不是实质性的，而是程序性的，凡是遵照体系程序的欧洲国家都可加入其中。[③] 王宣华的《国际体系演进的结构现实主义解读及启示》从结构现实主义的视角对威斯特伐利亚体系以及其后的国际关系体系展开分析，认为在国际秩序中的决定性力量一直是大国力量的对比结构，这种对比结构深刻影响着其中的单位国家行为。[④]

张英培的《文化自信与中国话语权》认为威斯特伐利亚体系虽然第一次构建起一个以欧洲为中心的现代国际体系，但是资本主义就其经济实质来说是垄断性的，这势必会导致自由竞争的民族国家形成一种“世界性的战国时代”。[⑤] 平维彬的《从藩属体系到民族国家体系：“中国–周边”政治秩序的近代转型》从政治秩序变迁的角度，分析了“中国–周边”政治秩序的近代转型与威斯特伐利亚民族国家体系的内在联系，探讨威斯特伐利亚体系在中国周边传统体系的本土化过程，指出威斯特伐利亚体系的“东渡”是伴随着欧洲国家的殖民扩张进行的。[⑥] 胡礼忠、邢新宇的《宗藩体系与威斯特伐利亚体系——两种经典国际体系的比较与启示》中，用国际体系理论对宗藩体系与威斯特伐利亚体系这两种体系进行比较，探讨其对当代国际体系转型的启示，认为无论是宗藩体系还是威斯特伐利亚体系，大国在体系中的地位和作

① 宋静：《范式的变迁：从国际政治到全球政治》，《东南大学学报（哲学社会科学版）》2011年第13卷增刊第2期。

② 杨啸林：《政治经济视野下的威斯特伐利亚体系》，硕士学位论文，外交学院国际关系系，2020，第22–126页。

③ 冯绍雷：《疫情危机与世界秩序重构》，《文化纵横》2020年第3期。

④ 王宣华：《国际体系演进的结构现实主义解读及启示》，《许昌学院学报》2009年第3期。

⑤ 张英培：《文化自信与中国话语权》，《传播与版权》2020年第5期。

⑥ 平维彬：《从藩属体系到民族国家体系：“中国–周边”政治秩序的近代转型》，《内蒙古师范大学学报（哲学社会科学版）》2019年第6期。

用都是不可取代的。两者不同的是，宗藩体系中长期并且唯一起主导作用的是中国，威斯特伐利亚体系的主导者则随着大国力量的兴衰而变换。[①]

（三）国际法视角

余盛峰《超国家宪政的历史演进》将威斯特伐利亚体系的发展历程分为1648—1789年、1789—1848年、1848—1918年共三个时期，并对这三个时期的国家宪政发展进行了深入研究，认为通过革命与法制的张力，近代国家逐渐诞生并走向成熟，最终实现建构宪政国家的理想目标。[②] 黄德明的《论威斯特伐利亚和约对国际法的影响》通过分析和约条款及国家主权原则、和平解决国际争端原则、国际组织法、国际人权法、外交关系法等的发展历程，提出《威斯特伐利亚和约》不仅标志着近代国际法的产生，而且是现代国际法发展的一个重要源头。[③] 王艳丽的《威斯特伐利亚和约中的人权保障》从法制的角度探讨了《威斯特伐利亚和约》中相关的人权法条的重大意义，将其作为国际法发展中的里程碑。[④]

刘鸣、顾永兴的《近代国际体系形成过程中的世界经济和其他要素分析》认为世界经济作为外在条件决定国际体系的产生，威斯特伐利亚体系的建立，主要就是以法律的形式确认国家在边界内拥有绝对权力。[⑤] 刘慧的《略论三十年战争在国家主权思想发展中的作用》从法律的角度分析，认为“三十年战争”及其后签订的《威斯特伐利亚和约》不仅给各新兴国家的国家建设提供了新的思路，更为国家主权思想的长期发展提供了理论依据和实践基础。[⑥] 刘建飞的《国际关系现代化与国家治理现代化》则认为威斯特伐

① 胡礼忠、邢新宇：《宗藩体系与威斯特伐利亚体系——两种经典国际体系的比较与启示》，《国际观察》2011年第6期。

② 余盛峰：《超国家宪政的历史演进》，《外国法制史研究》2012年第15卷。

③ 黄德明：《论威斯特伐利亚和约对国际法的影响》，《江汉论坛》2000年第6期。

④ 王艳丽：《威斯特伐利亚和约中的人权保障》，《改革与开放》2010年第18期。

⑤ 刘鸣、顾永兴：《近代国际体系形成过程中的世界经济和其他要素分析》，《世界经济研究》2004年第10期。

⑥ 刘慧：《略论三十年战争在国家主权思想发展中的作用》，《牡丹江教育学院学报》2014年第10期。

利亚体系的主权原则仅限于欧洲，而非整个世界。[①]

（四）宗教视角

闫瑜的《三十年战争和〈威斯特发里亚和约〉》，从宗教与主权国家形成的角度简要分析了“三十年战争”爆发前的国际背景，阐述了其在各个方面对后世的深远影响。[②] 储昭根的《观念竞合与国际体系的变迁》认为威斯特伐利亚体系是由国家主义主导，打破了天主教神权主导的格局，以国家主义代替神本主义，因而欧洲在这一时期完成了从封建体制向近现代主权国家制度的转变。[③]王首贞的《简论宗教与威斯特伐利亚体系的生成》将宗教与威斯特伐利亚体系联系起来，提出宗教塑造了世界政治的观点。无论是民族国家的兴起还是主权概念的建构，都是在基督教的语境框架下世俗权力和宗教神权对抗的结果。宗教对威斯特伐利亚体系的诞生施加了重要影响。[④] 王艳丽的《威斯特伐利亚和约与国际法原则的发展》中提出和约涉及的一些原则在现今处理宗教与国家以及各种宗教信仰之间的关系仍具有现实作用。[⑤]

（五）其他视角

李爱华的《马克思恩格斯对威斯特伐利亚体系的评析》指出，马克思和恩格斯以历史唯物主义的观点肯定威斯特伐利亚体系是近代民族国家形成和资本主义发展的必然产物，同时也揭露和抨击了威斯特伐利亚体系是欧洲列强扩张争霸的体系，是欧洲列强对外殖民侵略的体系。[⑥] 韦宗友的《殖民体系、后殖民体系与大国崛起》将威斯特伐利亚体系视为主权国家体系，并将威斯特伐利亚体系分为殖民体系和后殖民体系两个次级体系，认为后殖民体

---

① 刘建飞：《国际关系现代化与国家治理现代化》，《理论视野》2020年第4期。

② 闫瑜：《三十年战争和〈威斯特发里亚和约〉》，《德国研究》2003年第3期。

③ 储昭根：《观念竞合与国际体系的变迁》，《浙江大学学报（人文社会科学版）》2018年第1期。

④ 王首贞：《简论宗教与威斯特伐利亚体系的生成》，《宗教与美国社会》2013年第8辑。

⑤ 王艳丽：《威斯特伐利亚和约与国际法原则的发展》，《安徽职业技术学院学报》2010年第3期。

⑥ 李爱华：《马克思恩格斯对威斯特伐利亚体系的评析》，《聊城大学学报（社会科学版）》2007年第5期。

系下的大国崛起完全不同于殖民体系下的大国崛起，前者伴随着暴力与战争，而后殖民体系下国家主权的平等在法律中得到确立，战争和武力被严格限制，大国只能通过和平方式崛起，以此对西方国家因中印等新兴大国崛起感到担忧提出质疑。[①]

朱兵的《试论"三十年战争"对德意志经济的影响》从经济学的角度进行分析，认为"三十年战争"对德意志的经济造成了巨大的损害，德意志为威斯特伐利亚体系的建立付出了巨大的代价。但是，这场战争也造就了德意志资本主义经济的萌芽，促使德意志经济涅槃重生。[②] 李思文的硕士论文《后冷战时代西方学术界对"威斯特伐利亚"的反思》从国家关系理论与国际政治的角度，考察西方学者对威斯特伐利亚体系的认知，目的在于了解后冷战时代西方学者对"威斯特伐利亚"的新理解和他们对国际关系的把握。[③]

杨明洪的《论"民族国家"概念及其在"中国边疆学"构建中的重要意义》从边疆学学科属性入手，分析了"民族国家"概念及其在"边疆学"构建中的重要性，认为"民族国家"的诞生当是现代"边疆学"中的逻辑起点。[④]黄宇蓝的《论三十年战争中欧洲各国国家利益意识的觉醒》从国家利益的角度分析阐述国家利益在催生战争上的推动作用。[⑤] 王海艳的《三十年战争与〈威斯特伐利亚和约〉》从全球化角度探讨了主权过时论、人权高于主权论等威斯特伐利亚体系面临的时代挑战。[⑥]

---

① 韦宗友：《殖民体系、后殖民体系与大国崛起》，《国际展望》2013年第6期。

② 朱兵：《试论"三十年战争"对德意志经济的影响》，《许昌学院学报》2010年第6期。

③ 李思文：《后冷战时代西方学术界对"威斯特伐利亚"的反思》，硕士学位论文，吉林大学历史系，2019，第1页。

④ 杨明洪：《论"民族国家"概念及其在"中国边疆学"构建中的重要意义》，《四川师范大学学报（社会科学版）》2019年第2期。

⑤ 黄宇蓝：《论三十年战争中欧洲各国国家利益意识的觉醒》，《广西民族学院学报（哲学社会科学版）》2006年第1期。

⑥ 王海艳：《三十年战争与〈威斯特伐利亚和约〉》，《唐山师范学院学报》2005年第6期。

专题二

早期资产阶级革命时期的国际关系

18世纪后半期，欧美大陆爆发了两场资产阶级革命运动，即美国独立战争和法国大革命，两者对国际关系产生了广泛而深刻的影响。美国在独立战争期间就非常注重利用欧洲国家之间的矛盾以实现自身的目的，促使国际关系发生了一系列重组。法国大革命是继美国独立战争后更为彻底的资产阶级革命，其迸发出的民主革命力量席卷欧洲，极大地改变了欧洲的国际关系格局。

一、美国独立战争及其对国际关系的影响

自北美大陆被欧洲航海者发现以来，其就一直与欧洲保持着千丝万缕的联系。进入17世纪后的一百多年间，北美大陆涌入了许多来自不列颠和爱尔兰等地的清教徒，他们在北美东岸先后建立了13个殖民地。随着英国资本主义经济的发展和海上霸权的建立，北美殖民地逐渐成为其原料产地和商品倾销市场。在1756—1763年爆发的“七年战争”中，英国夺取了法国在北美的大片殖民地，英法矛盾进一步加深。英国为了加强对北美殖民地的控制和弥补战争中的财政损耗，出台了《糖税法》《印花税法》《茶叶法》等诸多法案，并实行了一系列损害殖民地人民利益的措施，引起了当地人民的强烈反抗。1775年4月19日，美国独立战争爆发。1776年7月4日，在费城召开的第二届大陆会议通过《独立宣言》，宣告北美13个英属殖民地独立。

独立战争期间，美国充分利用英国与欧洲其他国家的固有矛盾，争取到了法国、西班牙等国的支持与帮助。其中法国出于“七年战争”失败的仇恨，乐见英国陷入与其殖民地的战争，开始秘密向美国大陆军出售军火。1778年2月，法国正式承认美国独立，并与其签订友好通商条约和同盟条约，法美结成同盟。随后，法国对英国宣战，直接派军赴美参战。西班牙、荷兰也与英国积怨已久，西班牙欲夺回被英国占领的直布罗陀、佛罗里达等地，荷兰企图趁机削弱英国这一海上劲敌的力量。1779年6月，西班牙在与法国缔结同盟后对英宣战，向直布罗陀和西佛罗里达等地的英军发起进攻。1780

年11月，荷兰亦加入反英阵营，有力地支持了处于战争中的美利坚。与此同时，俄国发起了以《武装中立宣言》为基础的欧洲外交联盟，与丹麦、瑞典等国共同孤立英国。1781年10月19日，英军将领康华利及7 000名英军在美军重重包围下于约克镇投降，美国独立战争结束。1783年9月3日，英美签订《巴黎和约》，英国被迫承认美国独立。

美国独立战争中，英国受到美、法、西、荷等国的联合打击，失去了人口最多、资源最丰富的殖民地，但英国的实力并未受到根本性的损伤。一方面，战后的英国通过与美国单独签订和约，拆散了法美同盟，法国未能在北美获得预期的殖民地，西班牙也未能夺回直布罗陀；另一方面，法国国内出现严重的财政困难，在启蒙思想引导下取得胜利的美国独立战争，反过来推动了法国大革命的爆发。

二、法国大革命及其后的国际关系

18世纪的法国正从封闭的自然经济向资本主义商品经济转变，资产阶级的财富积累逐渐超过贵族阶级，要求经济自由的呼声越来越高，与腐朽专制的封建王权的矛盾日益尖锐。法国参与北美独立战争所产生的大量消耗，使政府财政危机进一步加剧，只得通过向第二、第三等级征税来填补财政亏空。1789年5月5日，路易十六在凡尔赛宫召开三级会议，企图对以农民和城市平民为主的第三等级增加税收，而第三等级代表则要求制定宪法、限制王权并实施改革。根据投票结果，第三等级以微弱优势获胜。路易十六因此恼羞成怒，强行关闭会场，引发了第三等级的强烈反抗。1789年7月9日，第三等级将此前成立的国民议会改称制宪议会，再次提出制定宪法、限制王权的要求，并着手起草《人权与公民权宣言》。王室及顽固派贵族调集军队企图镇压议会，但被武装起来的巴黎市民击败。7月14日，起义队伍攻克了象征专制统治的巴士底狱。

随着法国大革命的深入，农民暴动风起云涌，制宪议会不得不先处理封建制度的问题。1789年8月11日，制宪议会颁布八月法令，宣布将封建制度全部予以废除。8月26日，法国制宪会议通过了《人权宣言》，明确指出“在权利方面，人生来是而且始终是自由和平等的”，确立了主权在民等原则。法国大革命对封建王室的打击，引发了欧洲各国王室对于君主制在欧洲垮台的恐惧。1791年8月27日，普奥联合发表《庇尔尼茨宣言》，称法国如不恢复王权，欧洲各国将出面干涉。面对外国势力的干涉，革命者内部出现了分歧。代表法国工商业资产阶级利益并主张实行共和的吉伦特派认为，只有战争才能迫使欧洲各国承认法国革命，而君主立宪派则认为革命成果尚未巩固，不赞成发动战争。最终主战派占据上风。1792 年4月，法国对奥宣战。9月，法军击败普奥联军，法国历史上第一个资产阶级共和国随之建立。

1793年1月，路易十六被处死。其后，由英国、奥地利、普鲁士、荷兰等国结成的第一次反法同盟，多路出兵进攻新生的法兰西第一共和国。6月，吉伦特派因维护商人利益、镇压平民、无力抵抗外国军队而被巴黎人民推翻，以罗伯斯庇尔为首的雅各宾派掌握了国家权力。面对强大的外国武装力量干涉，雅各宾派一方面严厉打击敌对势力，广泛发动群众，平定了吉伦特派在许多地区煽动的武装叛乱；另一方面对外宣布“法国不干涉别国事务，也不允许别国干涉法国内政”，着力分化瓦解反法同盟。至1793年底，法国境内之敌基本被肃清。不过，危机结束后法国再次陷入了激烈的内部斗争之中。1794年7月，雅各宾派在热月政变中被推翻，罗伯斯庇尔被斩首。次年，热月党人组建了督政府，着力恢复国内正常的政治秩序，并任命拿破仑·波拿巴为远征意大利、奥地利的军事统帅，向反法同盟发起进攻。1797年10月，法国在军事胜利的基础上与奥地利签署和约，迫使奥地利退出反法战争，第一次反法同盟瓦解。

为打击英国在地中海的势力，督政府决定任用声名鹊起的拿破仑率军远征埃及。法国的扩张再次引起了欧洲的不安，1798年英国联合沙俄、奥斯曼帝国、奥地利等国组成第二次反法同盟。双方交战初期，法军连战连败。与此同时，法国国内财政出现严重困难，督政府内部矛盾激化。1799年11月，拿破仑返回巴黎发动雾月政变，以武力胁迫的方式推翻督政府，建立执政府，自任“第一执政”，开启了长达15年的军事独裁统治。稳定国内政局后，拿破仑利用英俄在土耳其问题上的矛盾，与俄国签署《巴黎和约》与《巴黎秘密协定》，并与土耳其签订和约，使英国陷入孤立之中，迫使英国不得不调整对法政策，寻求与法国达成和解。1802年3月，英、法签订《亚眠和约》，在领土问题上达成妥协，双方暂时休战，第二次反法同盟瓦解。

根据《亚眠和约》，英国应从马耳他、直布罗陀等地撤军，法军也应从那不勒斯、罗马、厄尔巴岛等地撤出。不过，条约并没有得到相应的遵守。拿破仑称帝后连年发动对外战争，先后吞并了厄尔巴岛、瑞士等地，又一次威胁到欧洲的势力均衡。英、俄两国再度联合起来，结成第三次反法同盟。随后，奥地利、那不勒斯、瑞典也相继加入反法阵营。1805年，双方在特拉法加海角激战，反法同盟以少胜多，使拿破仑不得不放弃进攻英国本土的计划。但是，法军在陆上的乌尔姆战役和奥斯特里茨战役中获得了决定性胜利。1805年12月，奥地利战败求和，与法国签订了割地赔款的《普莱斯堡和约》。次年，奥皇被迫取消神圣罗马帝国皇帝的称号。至此，第三次反法同盟因失败而分崩离析。

击溃第三次反法同盟后，拿破仑为进一步加强对德意志占领区的控制，1806年7月与德意志西部和南部的16个邦国签订条约，组建莱茵同盟，将各邦变为了法国的保护国。深感法国威胁的普鲁士为此向英、俄求援，1806年9月三方结成第四次反法同盟。10月，普鲁士首先向法国宣战，但迅速遭遇失败。开战仅19天，法军便长驱直入攻占柏林，普鲁士投降。1807年6月，法军又在弗里德曼大败俄军。1807年7月，法国与俄国、普鲁士分别签订《提尔西特和约》，俄国退出反法同盟并承认拿破仑在欧洲业已获得的领土，普鲁士丧失了易北河以西的大片领土以及在波兰的几乎全部领土，人口减少过半。拿破仑霸权在此时达到了顶峰，欧洲大陆主要国家均不敢公开与法国对抗。

尽管如此，拿破仑并不满足于称霸欧洲大陆，仍念念不忘征服隔海相望的英国。19世纪，英国已经确立了海上和殖民地的霸权，面对法国在欧陆上的崛起，英国多次纠集反法同盟对法国进行武装干涉。法国对“天然疆界”的追求与英国的扩张政策在国家利益，尤其是商业利益方面产生激烈冲突。特拉法加海战后，拿破仑感到英国的海上力量将对法国的扩张造成极大阻碍，在无法直接进攻英国本土的情况下只能另寻他策。1806年11月，拿破仑在柏林颁布了“以大陆战胜海洋”的“柏林敕令”，宣布对大不列颠诸岛进行封锁，禁止与不列颠诸岛开展任何通商、通邮活动，禁止直接来自或航经英国及其殖民地的船舶进入任何欧洲大陆口岸。其后，拿破仑又相继颁布“米兰敕令”“枫丹白露敕令”，进一步强化对英国的封锁。除西班牙和葡萄牙之外，欧洲大陆其他国家慑于法国的威胁，纷纷断绝了与英国的商业往来。西班牙和葡萄牙当时并不在拿破仑的控制范围之内，两国与英国因纺织业而联系密切。

为了夺得伊比利亚半岛港口的控制权，完善大陆封锁体系，拿破仑先是派军假道西班牙攻占里斯本，吞并葡萄牙，随后以解决西班牙王室矛盾为名入侵西班牙，逼迫斐迪南七世放弃王位，扶植自己的哥哥约瑟夫为西班牙国王，将伊比利亚半岛完全纳入自己的统治之下。不过，在英国的支持下，西、葡人民展开了激烈的反抗斗争，将法国拖入了战争的泥沼，消耗其大量的军力和财力。与此同时，英国则在筹划组建第五次反法同盟，极力鼓动奥地利加入对法作战。奥地利在此前的反法战争中不仅丧失了大片土地，奥皇还被迫放弃了神圣罗马帝国皇帝的称号，此时正欲趁法国深陷西班牙战争之机复仇。两国一拍即合，1809年1月，英、奥结成第五次反法同盟。同年4月，法、奥再次开战，奥军再度战败。10月，双方签订《维也纳和约》，奥地利在割地赔款之余，还被迫加入了大陆封锁体系。

在自由竞争的资本主义市场规律下，大陆封锁体系虽然对英国造成了一定的损害，但同时也深刻影响到法国自身的经济发展。法国工业生产能力远不及英国，并且国内市场有限，强制的对外隔绝导致大批工厂倒闭，出现严重的经济危机。俄国沙皇开始打着中立国的旗号恢复同英国的贸易，英国货物以俄国为中转站出口到欧洲大陆其他国家，大陆封锁政策面临破产的危险。1812年，法俄战争爆发，英、普、西等国组成第六次反法同盟支援俄国。1813年，反法同盟军与法军在莱比锡会战，法军溃败。1814年，反法同盟军攻入巴黎，拿破仑被迫退位，波旁王朝复辟。

波旁王朝复辟后，与英、奥、普、俄四国签订了《第一次巴黎和约》，法国放弃拿破仑时期侵占的领土，恢复1792年的疆界。1815年3月，拿破仑潜回巴黎发动百日政变，重掌政权。英、俄、普、奥迅速组成第七次反法同盟，在滑铁卢一役中彻底击败拿破仑，波旁王朝再次复辟。法国与各国签署《第二次巴黎和约》，退回至1790年的疆界。

三、国内学术界关于法国大革命的研究

国内学术界关于法国大革命的研究和探讨按照角度不同来划分，大致可分为如下几类：

（一）革命性质

早在中华人民共和国成立初期，国内学者就在马克思主义理论的指导下对法国大革命史展开研究，其中较具代表性的有王荣堂的《十八世纪法国资产阶级革命》[①]、刘宗绪的《法国资产阶级革命》[②] 等著作。这些著作批判了资产阶级革命的局限性和反动性，对普及大革命史和深入研究大革命起到了积极的指导作用。改革开放后，刘宗绪在《试论热月政变的性质》一文中打破了以往苏联学者对法国大革命的定调，运用大量材料，提出了热月政变不是反革命政变的新观点。他在文中明确提出热月政变虽然推翻了雅各宾派的统治，但并没有改变政权的资产阶级性质，它结束了动荡局面，并非封建复辟。[③] 黄振、方英义的《美国革命对法国大革命的影响》论述了美国独立战争对法国大革命的促进作用，认为两者都受到启蒙思想的影响，两国革命的

① 王荣堂：《十八世纪法国资产阶级革命》，上海人民出版社，1955。

② 刘宗绪：《法国资产阶级革命》，商务印书馆，1965。

③ 刘宗绪：《试论热月政变的性质》，《历史研究》1979年第7期。

根本任务和性质都是争取民主、反封建残余、建立新型国家制度。①

（二）革命史分期

关于法国大革命史的分期问题，周一良、吴于廑的《世界通史》将法国大革命分为君主立宪派、吉伦特派和雅各宾派三个不同阶段，② 后来的学者逐渐从三阶段分期法中摆脱出来，把拿破仑的统治也纳入法国大革命之中。廖士虎的《关于法国大革命开始的时间问题》认为，大革命始于1789年5月三级会议召开，实际上资产阶级在三级会议上就开始了夺取政权的斗争，巴士底狱的攻陷不是革命开始的表现，而是革命胜利的标志。③ 林贤报、程镇芳的《略谈法国大革命的分期问题》认为，1789年6月17日国民议会的产生是资产阶级夺取政权的开始，应将其作为法国大革命爆发的标志。而1794年热月政变、雅各宾派专政的崩溃并不是大革命结束的标志，此时尚未完成击败反法同盟的任务，革命成果并没有巩固下来，因此革命尚未结束。该文提出，应该把1814年拿破仑帝国的崩溃、波旁王朝的复辟作为法国大革命结束的标志。④ 高伟强的《论拿破仑帝国与法国大革命的关系》肯定了拿破仑帝国的时代进步性，认为拿破仑帝国是法国大革命的延续，在法国历史上乃至世界历史上起到了积极作用，从夺取政权与巩固政权的关系看，拿破仑帝国与法国大革命有着继承与发展的关系。拿破仑帝国反映了法国大革命的必然性，并完成了巩固革命成果，确立资本主义秩序的使命。⑤

（三）革命思想

高毅的《从法国大革命看法兰西民族的一种文化特性》认为，法国大革

---

① 黄振、方英义：《美国革命对法国大革命的影响》，《历史研究》1989年第4期。

② 周一良、吴于廑：《世界通史》，人民出版社，1962。

③ 廖士虎：《关于法国大革命开始的时间问题》，《西南民族学院学报（哲学社会科学版）》1983年第1期。

④ 林贤报、程镇芳：《略谈法国大革命的分期问题》，《福建师大学报（哲学社会科学版）》1980年第1期。

⑤ 高伟强：《论拿破仑帝国与法国大革命的关系》，《武汉交通科技大学学报（社会科学版）》，1999年第2期。

命和英美的革命都是现代民主政治的创制试验，但法国人的革命侧重于追求平等，盎格鲁-萨克森人的革命侧重于追求自由。[①] 安然的《论法国大革命的成就、局限及其原因》从法国大革命真实的历史过程来探讨大革命的功绩、局限及背后的原因，通过分析当时法国特定的社会经济背景，揭示法国大革命为什么重平等而轻自由。[②] 尹虹的《论法国大革命的平等思想》认为资产阶级的“平等”具有双重性：一方面它是反封建的，激励下层群众全身心投入到革命中来；另一方面，它有维护资产利益，欺骗和愚弄人民的虚伪性。[③] 王培培的《论卢梭政治哲学对法国大革命的影响》从卢梭政治哲学自身的理论困境出发，阐释卢梭政治哲学理论和法国大革命的关系，认为卢梭的政治哲学理念充满着矛盾：一方面它闪烁着自由、平等、民主的理念和革命精神，启发了轰轰烈烈的法国大革命运动；另一方面它也蕴含着可能导致无政府主义、极权主义、独裁专制与暴政的主张，使得法国大革命最终出现了以“集体暴政”为特征的雅各宾派专政，并因此招致失败。[④] 杨泽章的《现代法国民族主义探微——以托克维尔为例的思考》以托克维尔的民族主义思想为线索阐释现代法国民族主义，认为法国大革命彻底推翻了封建贵族制度和君主专制制度，极大地推进了现代民族主义的传播和民族国家的普遍建立。[⑤]

（四）其他研究

聂有超、田甜的《思考路易十六——兼论法国大革命的起因》通过对路易十六性格的解读，说明革命爆发的真正原因是封建体制下的税收特权。路易十六为了换取政治上的集权，对贵族做出让步，赋予贵族免税特权，全部

① 高毅：《从法国大革命看法兰西民族的一种文化特性》，《历史教学（下半月刊）》2008年第4期。

② 安然：《论法国大革命的成就、局限及其原因》，《辽宁大学学报（哲学社会科学版）》2003年第3期。

③ 尹虹：《论法国大革命的平等思想》，《辽宁大学学报（哲学社会科学版）》1996年第3期。

④ 王培培：《论卢梭政治哲学对法国大革命的影响》，《山东理工大学学报（社会科学版）》2017年第3期。

⑤ 杨泽章：《现代法国民族主义探微——以托克维尔为例的思考》，《法国研究》2011年第2期。

财政负担落到第三等级身上，从而引起下层民众的抗争。[1]

谭旋、孙一萍的《情感史视野下的法国大革命》从情感史的视角出发，通过挖掘革命亲历者书写的大量日记和书信等历史文献，关注人们行为背后的情感因素，为认识革命时期的暴力与恐怖现象提供了全新的视角。除了研究各种具体情感之间的相互作用，法国大革命情感史还着眼于不同社会群体之间在情感方面的差异及其相互影响、情感与行为之间的关系等，并与其他国家的重要革命进行比较研究，更加深入地认识法国大革命乃至18世纪法国文化的情感特性。[2]

① 聂有超、田甜：《思考路易十六——兼论法国大革命的起因》，《内蒙古农业大学学报（社会科学版）》2009年第5期。

② 谭旋、孙一萍：《情感史视野下的法国大革命》，《世界历史》2016年第4期。

专题三

维也纳体系

一、维也纳会议

拿破仑帝国覆灭后，参与第六次反法同盟的各战胜国于1814年9月至1815年6月在奥地利维也纳召开国际会议，商讨如何分割法兰西第一帝国的遗产。英国外交大臣卡斯尔雷、奥地利首相梅特涅、普鲁士首相哈登堡公爵和俄国沙皇亚历山大一世作为战胜国的主要代表操纵着会议进程，力图恢复法国大革命前的欧洲旧秩序，复辟封建统治，扩张领土。然而，虽然与会国包含了除土耳其外的几乎所有欧洲国家，维也纳会议却算不上严格意义上的“会议”。因为“事实上从来没有举行过一次由全体代表出席的全会”，[①]一切问题均交予英、俄、普、奥组成的“四国委员会”处理。俄国在反法战争中通过吞并波兰和德意志的部分领土迅速崛起，力图彻底削弱法国；英国在战争期间大大巩固了海上霸权；普、奥面对拿破仑帝国覆灭后中欧的权力真空，矛盾再次激化；其他国家虽想恢复曾经的领土，但实力有限，只能依附于四大国，试图获取一些施舍。

会议争论的焦点是波兰–萨克森问题。拿破仑在击败第四次反法同盟后，与俄国、普鲁士分别签订了《提尔西特和约》，出于削弱普鲁士和制衡俄国的考虑，强迫普、奥分别交出各自所占波兰领土，并建立华沙大公国。战胜第五次反法同盟后，拿破仑帝国又相继吞并了的里亚斯特、阜姆等地。萨克森公国是第三次反法战争期间从覆灭的神圣罗马帝国中独立出来的邦国，1806年12月加入莱茵同盟，长期处于拿破仑的实际控制之下。波兰与萨克森一同构成了法兰西第一帝国与奥地利之间的缓冲区，拿破仑战败后，该地区一度成为权力真空地带，引起了俄、普、奥等国的觊觎。亚历山大一世首先提出将华沙大公国与俄占波兰合并，建立一个处于沙皇统治下的波兰王国；将萨克森公国划分给普鲁士以补偿其土地损失，并恢复奥地利在意大利威尼斯、伦巴底、达尔马提亚的统治。如果按照俄国的划分方法，一个强大的普

① 爱德华·麦克诺尔·伯恩斯、菲利普·李·拉尔夫：《世界文明史（第三卷）》，罗经国、赵树濂、邹一民、朱传贤译，商务印书馆，1987，第56页。

鲁士将在奥地利北部崛起，英国则将面对一个俄国一家独大的欧洲。有鉴于此，奥地利与英国迅速联合起来，坚决反对俄国的图谋。法国更为担心东邻普鲁士坐大，1815年1月，英、法、奥签署秘密军事同盟条约，联手对抗俄国与普鲁士。围绕波兰-萨克森问题，欧洲国家形成英奥法-俄普两大阵营，双方争执不下。

1815年3月，拿破仑潜回巴黎发动百日政变，各战胜国匆忙组成第七次反法同盟，在滑铁卢一役中彻底击败了拿破仑。1815年6月9日，各战胜国最终达成协议，签署了《最后议定书》。在此过程中，战胜国和法国的代表都提出了自己的主张。经过多方博弈，确立了三大原则，即正统原则、均势原则和补偿原则。按照正统原则，在法国大革命和拿破仑战争中被推翻的法国波旁王朝、葡萄牙布拉冈扎王朝、荷兰的奥伦治家族、罗马教皇等都恢复了统治权。根据均势原则和补偿原则，华沙大公国的绝大部分领土被划归俄国，华沙大公国的波兹南和萨克森公国三分之一的领土被划归普鲁士，华沙大公国的克拉科夫由俄、普、奥三国共管；奥地利王国放弃波兰，获得伦巴底、威尼斯作为补偿；瑞典放弃芬兰，获得了挪威；丹麦放弃挪威，获得德意志北部的荷尔斯泰因和石勒苏益格；英国则获得了大量具有战略意义的海外殖民地，包括好望角、马耳他、毛里求斯、开普敦、锡兰等，控制了通往东方的战略要地，巩固了海上霸权。

为了防止法国东山再起，除了要求法国赔偿各国战争损失外，还迫使其交出全部海军，领土退回至1792年的疆域。同时，在法国周围建立屏障式国家，扩大瑞士领土并承认其永久中立，将比利时并入尼德兰王国。此外，以附加的《特别条款》确立了边界、河界等划分国家领土的规则和国际航行自由的原则，通过《外交代表等级条例》明确了外交代表等级和外交语言问题。由《最后议定书》和这一系列附件确立的国际关系体系，即维也纳体系。

二、神圣同盟与四国同盟

1815年9月，在俄国沙皇亚历山大一世的倡议下，俄、奥、普三国君主签订《神圣同盟条约》，结成神圣同盟。“神圣”即在基督教义的指导下处理国际关系，条约规定缔约各国君主无论何时何地均须相互提供支援，以维持维也纳会议上重新划定的边界和镇压各国革命。至1815年底，除了英国、罗马教皇国和奥斯曼土耳其外，其他欧洲国家都加入了神圣同盟。神圣同盟虽然没有对各国提出实质性的约束，但这种以意识形态结盟的方式得到了各国的认可。

1815年11月20日，英、俄、普、奥与法国签订《第二次巴黎和约》，再次确认了法国的疆界和赔款总额，同时签订《四国同盟条约》，建立了一个为期20年的军事同盟，以便于四国联合遏制法国。相对于《神圣同盟条约》，《四国同盟条约》是一个具有实质内容的军事条约，它明确规定了签约各国应当承担的军事义务。此外，《四国同盟条约》首次规定通过定期会议巩固各国关系并维持欧洲协调。神圣同盟和四国同盟构建的原则和行动机制，在一定程度上增加了维也纳体系的稳定性。

三、会议外交

维也纳体系是在调和各方冲突的利益诉求的基础上构建而成的，是对整个欧洲秩序的重新安排。随着各国力量对比的变化，维也纳体系经历了“梅特涅时代”“俄国中心时代”“法国中心时代”等不同发展阶段。在维也纳体系初期的“梅特涅时代”，英、法、俄、普、奥等国相继召开亚琛会议、特洛波会议、莱巴赫会议和维罗纳会议，通过“会议外交”处理缔约国的共同问题，协调相互间的关系。

1818年9月，欧洲协调的第一次会议在亚琛举行，俄、英、普、奥、法五国参会。会议应法国要求召开，主要讨论盟国军队从法国撤退的问题。法国首相黎塞留在会议上力争恢复法国的大国地位，得到英国首相卡斯尔雷的支持，四国协调变为五国协调，法国摆脱战败阴影，再度成为主导欧洲事务的重要大国之一。不过，原来的四国同盟也再次被确认，并重申了法国一旦发生革命，就需要共同武力介入的原则。

1819年，复辟的西班牙君主斐迪南七世派兵镇压拉丁美洲的独立运动，然而军队拒绝执行命令，由此还引发了全国性的起义，首都也被起义军攻占。受西班牙革命的影响，意大利北部和南部的那不勒斯与皮埃蒙特相继爆发革命。根据《四国同盟条约》，英、俄、奥、普、法五国于1820年10月在西里西亚的特洛波城召开会议，集中讨论镇压意大利革命的问题。梅特涅是倡导干涉革命的主要人物，当时的意大利北部由奥地利直接统治，南部也处在奥地利的深刻影响之下，意大利革命将首先对奥地利的正统统治产生冲击。11月19日，俄、奥、普签订《特洛波议定书》，宣称缔约国有不经他国政府邀请而武装干涉该国内政以镇压该国的革命运动的权力。英国不愿涉入欧洲内政，拒绝签字，法国也持保留态度，但两国均暗示不会阻止其他三国干涉意大利革命，五国协调的分歧已初现端倪。

《特洛波议定书》委托奥地利对那不勒斯实施军事占领，但须首先和那不勒斯国王谈判。1821年1月，经过短暂的休会，俄、奥、普三国君主以及那不勒斯和其他意大利小国的国王转移至南斯拉夫的莱巴赫，继续解决特洛波会议没能完全解决的革命问题。英、法依然反对武装干涉，梅特涅则坚决要求镇压那不勒斯革命，并且得到了俄、普两国的全力支持。俄普奥集团不顾英法的反对，强行出兵镇压了意大利革命，恢复了斐迪南一世在那不勒斯的统治。由于英、法两国和俄、普、奥三国之间的分歧进一步加深，欧洲列强的协调一致原则遭到破坏。

在各国镇压意大利革命的同时，西班牙革命仍在如火如荼地进行，西属拉丁美洲殖民地的独立运动此起彼伏。1822年10月，俄国、奥地利、普鲁士、英国、法国在威尼斯的维罗纳又一次召开会议，策划镇压西班牙革命。最终俄、奥、普、法四国达成协议，由法国以神圣同盟的名义出兵镇压西班牙革命。英国希望与独立后的西属拉美殖民地建立贸易联系，再次反对出兵干涉。维罗纳会议后，英国退出了欧洲协调机制，维也纳体系面临严重的分裂危机。

不仅如此，随着“门罗主义”的提出，维也纳体系遭受到更为严峻的外部挑战。美国独立后，经过一段时间的发展，至19世纪初已成为美洲地区的强国，开始寻求对外扩张。维罗纳会议上，神圣同盟授权法国出兵镇压西班牙革命。法国的武装干涉引起了英国的警惕，英国外交大臣乔治·坎宁向美国提议，由两国联合发表声明，共同反对干涉拉美的独立运动。然而，美国内部经过讨论后认为自己应单独发布声明，公开反对一切欧洲国家干涉美洲事务。1823年12月2日，美国总统门罗在年度国情咨文中具体阐述了这一立场，对外宣称“美洲是美洲人的美洲”，反对欧洲国家继续在美洲地区开展殖民活动，要求欧洲列强不得干涉美洲事务，同时美国也不会干涉欧洲的事务。《门罗宣言》所体现的精神被后世称为“门罗主义”，它是美国对外政策转变的重要标志，美国不仅要完全摆脱欧洲的控制，而且更加重视扩大自身的影响力。“门罗主义”的提出，使维也纳体系的扩张受到了地域限制，武装干涉拉美的行动最终没有付诸实践。

四、维也纳体系的瓦解

随着国际形势的发展和变化，特别是资产阶级自由主义运动和民族主义运动的不断兴起，维也纳体系受到了日益严重的冲击。1848年，一场席卷整个欧洲大陆的革命风暴来临。首先是意大利的一月革命揭开了序幕，接着是法国发生二月革命，推翻七月王朝，建立了共和国，把1848年欧洲革命推向高潮，沉重打击了维也纳体系。奥地利三月革命将梅特涅赶下台，宣告了“梅特涅时代”的终结。

在1848年欧洲革命中，只有沙皇俄国置身事外。它充当了镇压革命的刽子手，帮助各国封建君主保住了王位，取代奥地利成为维也纳体系的主要保护国。从此，维也纳体系进入到“俄国中心时代”。在这段时间里，俄国在欧洲的地位显著提高，沙皇尼古拉一世俨然以欧洲领袖自居，对各国封建君主发号施令。不仅如此，沙皇尼古拉一世企图利用俄国在欧洲的优势，巩固它在近东的地位，公然在1853年出兵占领了奥斯曼帝国统治下的多瑙河两公国——摩尔达维亚和瓦拉几亚。此事引起英、法、奥的强烈不满和反对，在外交谈判破裂后，终于引发了一场自拿破仑战争结束以来规模最大的国际战争——克里米亚战争。战争持续了三年（1853—1856）之久，最后以英法联军打败俄军而告终，双方签订了《巴黎和约》，俄国被迫从近东撤退。

克里米亚战争后，法国暂时坐上了欧洲大陆霸主的交椅，在欧洲事务中的影响力日渐增长，维也纳体系进入了“法国中心时代”。然而好景不长，19世纪60年代至70年代，欧洲国际关系又一次发生了重大变化。普鲁士首相俾斯麦通过推行“铁血政策”，先后发动了针对丹麦、奥地利和法国的三次战争，实现了德意志地区的统一。几乎在同一时期内，意大利也在撒丁王国的领导下实现了统一。欧洲大国间的力量对比发生了颠覆性的变化，奥地利帝国丧失了传统的政治优势，被迫改组为奥匈二元帝国，以求苟延残喘；法国在普法战争中受到致命的打击，蒙受了割地赔款的奇耻大辱，丧失了克里米亚战争以来欧洲霸主的地位。在中欧，俄国和法国的边界上出现了一个日益强盛的德意志帝国；在南欧，法奥边界上出现了一个统一的意大利王国。至此，维也纳体系已名存实亡。

五、国内学术界关于维也纳体系的研究

国内学术界对于维也纳体系的研究由于关注点不同，大致可分为如下几类：

（一）维也纳体系的成因

杨国顺的《威斯特伐利亚体系和维也纳体系的形成和特征——兼谈欧洲

统一性内涵的近代化》认为，维也纳体系的形成首先是由于资本主义经济的发展改变了威斯特伐利亚体系内的力量对比；其次是18世纪的启蒙运动把文艺复兴时代的思想发扬光大，人权理念和民主共和思想猛烈冲击专制的旧体制的结果；最后是由于法国大革命和随后进行的拿破仑战争给欧洲各个领域带来了更深刻的洗礼和冲击。① 姜安和李东阳的《均势外交的历史流变》认为，维也纳会议贯彻了正统主义、遏制和补偿等三个原则，最终形成的维也纳体系是均势外交的结果。② 王宣华的《国际体系演进的结构现实主义解读及启示》认为，维也纳体系是伴随着反法同盟围剿法国革命和拿破仑帝国的过程逐步形成的。③ 田昆的《1814—1848年维也纳体系下的英俄相争和均势政治初探》认为，维也纳体系是大国博弈的结果，正是英俄相争促成了维也纳体系下的欧洲政治形势。④ 汤春松的《谁是“欧洲马车夫”？》则认为，维也纳体系是受个人因素的影响而建立的，该文指出从1815年之后大约十几年的光景是梅特涅体系的黄金时期，梅特涅的政策事实上主导了维也纳体系的运转。⑤

（二）维也纳体系的演变历程

周才方的《拿破仑战争与维也纳体系的兴衰》对维也纳体系的发展进行了梳理，认为维也纳体系积极的一面在于结束了长达十几年的拿破仑战争，给欧洲地区带来了和平，并维持了一个较长的历史时期。它所开创的通过举行国际会议解决国际争端的方法，客观上在一个较长的时期内避免了中世纪以来欧洲国家之间无休止的战争。但维也纳体系所追求的政治力量平衡（均势），是在各大国之间谋取力量对比的大致平衡，完全是大国主义和强权政

① 杨国顺：《威斯特伐利亚体系和维也纳体系的形成和特征——兼谈欧洲统一性内涵的近代化》，《辽宁大学学报（哲学社会科学版）》2005年第1期。

② 姜安、李东阳：《均势外交的历史流变》，《中共天津市委党校学报》2003年第4期。

③ 王宣华：《国际体系演进的结构现实主义解读及启示》，《许昌学院学报》2009年第3期。

④ 田昆：《1814—1848年维也纳体系下的英俄相争和均势政治初探》，《天府新论》2007年增刊第2期。

⑤ 汤春松：《谁是“欧洲马车夫”？》，《中学历史教学》2005年第12期。

治的表现，在历史上开了恶劣的先例。[①] 杨和平的《维也纳体制的稳定及其瓦解》提出，维也纳体系可以维持和平的根源在于此时海外殖民地尚未瓜分完毕，欧洲各国在向海外扩张的过程中都刻意避免与其他国家发生冲突，因而才得以维持和平。但随着海外殖民地被瓜分殆尽，各国若想扩大势力范围只能侵犯他国利益，欧洲局势由此陷入动荡。[②] 许博的《浅述维也纳体系的多极格局——理论与现实》认为，维也纳体系的形成标志着世界性国际关系体系的建立，堪称是第一个具有真正世界意义的国际格局。有鉴于此，该文从国际格局的角度分析了维也纳体系产生直至最后衰亡的变化。[③] 郭锐的《试析均势与均势功能的维持》一方面继承了传统的看法，认为维也纳体系恢复了欧洲的封建统治秩序和国家体系，是历史的逆流和反动；另一方面提出维也纳体系作为近代国际关系的一个转折，促成了欧洲大国间政治军事力量的平衡，造就了近百年的“欧洲协调”局面，这种状态一直持续到第一次世界大战，是传统均势的“黄金时期”。[④]

（三）维也纳体系瓦解的原因与时间

辜庆志的《18世纪末至19世纪末欧洲均势结构的演变》认为，维也纳体系衰落的原因是其无法协调导致其本身崩溃的矛盾：一是资产阶级与建立该体系的各国封建统治者之间的矛盾；二是欧洲各民族要求民族自决的政治趋向与欧洲列强任意摆布弱小民族的矛盾。另外，它也无法从根本上约束欧洲列强安于现状。[⑤] 赵来文、高卓杰的《维也纳体系与凡尔赛-华盛顿体系衰败原因共性分析》一文认为，维也纳体系衰败是由于科学技术的发展、无法适

① 周才方：《拿破仑战争与维也纳体系的兴衰》，《南京高师学报》1998年第2期。
② 杨和平：《维也纳体制的稳定及其瓦解》，《世界历史》2004年第3期。
③ 许博：《浅述维也纳体系的多极格局——理论与现实》，《中山大学学报论丛》2002年2期。
④ 郭锐：《试析均势与均势功能的维持》，《阴山学刊》2007年第5期。
⑤ 辜庆志：《18世纪末至19世纪末欧洲均势结构的演变》，《安庆师范学院学报（社会科学版）》1999年第3期。

应新的社会历史潮流以及体系内部约束力的先天不足。[①] 管一凡的《中国战国时期均势政治与近代欧洲均势政治的比较分析》认为，维也纳体系瓦解的原因是欧洲民族民主运动不断发展、东方问题的凸显和阶级矛盾。[②] 贾烈英的《欧洲协调机制的内化过程》认为普法战争到一战期间，欧洲协调逐渐被边缘化。它更多地表现为形式的存在和上半世纪大国间共同的信念，真正的自我克制越来越少，会议外交显得软弱无力。欧洲新的领导人不再需要"欧洲协调"这样的集体行动制度，他们更喜欢单边或双边行动，更注重建立军事同盟，开展军备竞赛。[③] 张新军的《论集体安全体制在世界安全体系中的演进》认为，维也纳体系的脆弱性在于正统主义是反时代潮流的。[④]

关于维也纳体系瓦解的时间，学术界的争议比较大。例如：何炜的《论维也纳体系的运作与终结》认为维也纳体系的核心是恢复正统主义、天赋王权及宗法式的立法和行政系统，而1848年欧洲革命中各国或推翻王权，或进行资本主义革命，或进行民主革命，均以不同方式、在不同程度上推翻了上述原则。因此，该文将1848年作为维也纳体系终结的标志。[⑤] 翟志强的《论维也纳体系的存在时间和终结原因》则认为，尽管1848年革命表面上破坏了维也纳体系，但事实上防止自由主义、民族主义蔓延作为维也纳会议上最原始、最本质的目的却保留了下来，把维也纳体系的存在时间界定为从1815年到1914年更为合理。[⑥]

（四）维也纳体系的评价

学术界对维也纳体系的评价褒贬不一。吴木生的《试论1815年维也纳均

① 赵来文、高卓杰：《维也纳体系与凡尔赛-华盛顿体系衰败原因共性分析》，《白城师范学院学报》2005年第2期。

② 管一凡：《中国战国时期均势政治与近代欧洲均势政治的比较分析》，《宁夏大学学报（人文社会科学版）》2014年第36卷第3期。

③ 贾烈英：《欧洲协调机制的内化过程》，《国际关系学院学报》2011年第4期。

④ 张新军：《论集体安全体制在世界安全体系中的演进》，《宁夏大学学报》2017年第39卷第1期。

⑤ 何炜：《论维也纳体系的运作与终结》，《和田师范专科学校学报》2007年第6期。

⑥ 翟志强：《论维也纳体系的存在时间和终结原因》，《文教资料》2007年第10期。

势体系的特点》认为维也纳会议首次以国际会议的方式明确了“均势”的定义，其后建立的欧洲协调机制是各国政府维护均势体系的一次具有历史意义的尝试。实行均势外交，建立符合时代发展需要的国际政治均势体系，有利于促进国际社会的和平。① 赵晓波、于宁宁的《小议近代欧洲均势》给予了维也纳体系很高的评价，该文认为维也纳体系带来了均势外交的黄金时代，维系了欧洲近代史上近半个世纪的和平发展。② 徐厚志的《维也纳体系下的均势与“百年和平”》认为维也纳体系是一个均势体系，由大国所确立的运行机制和国际规则以及一批杰出政治家的外交努力，促使均势格局得以持续。在维也纳体系下，均势不单纯停留在实力均衡的物质层面，已上升为一种理念或共识，为维持“百年和平”发挥了重要作用。③ 孙启军的《论国际体系结构的稳定性因素——以维也纳体系与凡尔赛体系为例》认为，维也纳体系确立的正统原则和欧洲协调原则，为此后欧洲近百年的安全与和平做出了突出贡献。④ 贾烈英的《欧洲协调机制的内化过程》认为维也纳会议是欧洲协调的正式开端。欧洲协调本质上是一种制度结构，它包含了许多成文或不成文的规范、原则和决策程序，这些国际规范的内化程度对于促进当时的欧洲和平起了非常重要的作用。⑤ 丛培影、黄日涵的《维也纳体系对国际合作的启示》认为在维也纳体系框架下，通过大国协调达成的主权国家之间具体划界原则、多边国际会议制度以及对欧洲集体安全机制的探索，对推动国际合作具有重要的理论和现实意义。⑥ 胡中波的《国际协调机制的历史实践与变迁》认为从“欧洲协调”开始，国际协调机制经历了“西方协调”再向全球性的“大国协调”的演进。“欧洲协调”本质上就是一种大国磋商并采

---

① 吴木生：《试论1815年维也纳均势体系的特点》，《南开学报》1997年第3期。

② 赵晓波、于宁宁：《小议近代欧洲均势》，《齐齐哈尔大学学报（哲学社会科学版）》2008年第5期。

③ 徐厚志：《维也纳体系下的均势与“百年和平”》，《开封大学学报》2009年第23卷第2期。

④ 孙启军：《论国际体系结构的稳定性因素——以维也纳体系与凡尔赛体系为例》，《枣庄学院学报》2007年第1期。

⑤ 贾烈英：《欧洲协调机制的内化过程》，《国际关系学院学报》2011年第4期。

⑥ 丛培影、黄日涵：《维也纳体系对国际合作的启示》，《国际关系学院学报》2012年第5期。

取协调行动的机制。[①]

李晔、温文治的《1815—1914年欧洲均势关系探析》认为，维也纳体系是英、普、俄、奥、法等几个欧洲大国为协调各自利益，在牺牲弱小国家民族利益的基础上构建的联合称霸格局。[②] 刘杰的《论建立国际新秩序的结构性障碍与创新机制》也认为维也纳体系毫无正面作用，完全是一个不公平的国际秩序，是通过列强间的利益妥协和对殖民地与弱小国家的暴力压制来维持欧洲秩序的相对稳定。[③] 于光胜的《马克思恩格斯评述维也纳体系》和《马克思恩格斯论维也纳体系的实质》两文从研究马克思、恩格斯关于维也纳体系的论述入手，通过对维也纳体系内部矛盾的剖析，指出维也纳体系是欧洲列强分赃争利的产物，是正统主义君主体系下的均势格局，本质上是不符合历史潮流的。[④] 黄达的《对维也纳体系后长时间和平的思考》认为维也纳体系虽然违背历史潮流，但这一结构却得以长存，其中有两个原因：一是维也纳体系内部有构造极佳的均势；二是当时的欧洲各国忙于对抗资产阶级革命，没有为扩张领土而战的精力。[⑤]

（五）比较研究

刘芝平、刘祖广的《从神圣同盟看"新北约"走势》将维也纳体系下诞生的神圣同盟与冷战结束后的北约相类比，认为两个组织有相似的发展轨迹，都具有理论上的虚伪性、反动性，在实践中均充当了国际宪兵的角色。该文以神圣同盟的解体预示北约将不可避免地走向衰落。[⑥] 夏立平的《近代欧洲国际体系与古代东亚国际体系比较研究》以威斯特伐利亚体系和维也纳

① 胡中波：《国际协调机制的历史实践与变迁》，《社会主义研究》2015年第5期。

② 李晔、温文治：《1815—1914年欧洲均势关系探析》，《东北师大学报（哲学社会科学版）》1997年第3期。

③ 刘杰：《论建立国际新秩序的结构性障碍与创新机制》，《上海行政学院学报》2002年第4期。

④ 于光胜：《马克思恩格斯评述维也纳体系》，《科教文汇》2006年第2期。于光胜：《马克思恩格斯论维也纳体系的实质》，《辽宁教育行政学院学报》2007年第5期。

⑤ 黄达：《对维也纳体系后长时间和平的思考》，《法制与社会》2010年第26期。

⑥ 刘芝平、刘祖广：《从神圣同盟看"新北约"走势》，《内蒙古大学学报（人文社会科学版）》2002年第1期。

体系共同构成的“近代欧洲国际体系”同以中国为主导的“古代东亚国际体系”进行对比，分别分析了两个体系的特点，比较了两个体系在形成背景、性质、基础、国家间关系调整方式以及对体系外国家的态度等方面的差异。[①]王天韵的《对绥靖政策的再认识——兼论“慕尼黑类比”》认为，相比于二战前慕尼黑阴谋的失败，1815年后反法同盟对法国的策略便是绥靖政策成功的案例。该文借此阐明了“慕尼黑类比”的错误以及绥靖政策取得成功的条件。[②]郭锐的《试析均势与均势功能的维持》站在关于均势的三种理论假说的高度上，将威斯特伐利亚体系和维也纳体系作为典型来揭示均势理论的结构性缺陷和弊端。[③]

①夏立平：《近代欧洲国际体系与古代东亚国际体系比较研究》，《国际观察》2006年第3期。
②王天韵：《对绥靖政策的再认识——兼论“慕尼黑类比”》，《国际论坛》2008年第6期。
③郭锐：《试析均势与均势功能的维持》，《江南社会学院学报》2008年第1期。

专题四

俾斯麦大陆联盟体系

19世纪上半期，在工业革命的推动下，德意志境内的资本主义获得迅猛发展，资产阶级为寻求更为广阔的市场，迫切希望建立一个统一的民族国家，德意志的统一问题逐渐提上日程。1862年，代表容克地主贵族和大资产阶级利益的俾斯麦出任普鲁士首相兼外交大臣，推行以强权和武力统一德意志的“铁血政策”。经过三次王朝战争，普鲁士先后击败丹麦、奥地利和法国，最终完成了德意志的统一。

德国统一后的首要任务是发展经济、巩固统治，对外则需灵活处理与欧洲各大国之间的关系，为国内建设提供相对和平的外部环境。法国作为欧洲大陆曾经的霸主，依然是德国的首要对手，俄国地处德国东北，一旦法俄联合，德国将面临两面夹击的窘境。为此，俾斯麦充分发挥个人的外交才能，通过结盟的形式联合除法国之外的欧洲其他大国，构建了一种多极均势的国际关系体系，以保证德国的安全与稳定。

一、德国的统一进程

19世纪的德意志仍处于四分五裂的状态，各邦的货币体系、度量衡、税收制度、商业法令五花八门，严重阻碍了劳动力和资本的流通。1789年爆发的法国资产阶级革命，强烈冲击了德意志的封建制度并刺激了德意志民族主义的觉醒。德意志进入“大改革”时代，普鲁士在改革中迅速崛起。1815年的维也纳会议上，普鲁士通过“补偿原则”，获得了华沙大公国的波兹南和萨克森公国的部分领土，其疆域扩展至莱茵河左岸和波罗的海南岸。1818年，普鲁士颁布新的关税法，实行统一税制，取消其境内林立的税收关卡。其后，普鲁士又相继与邻近多个邦国签订关税协定，建立统一市场。1834年，在普鲁士的主导下，德意志关税同盟正式成立。

崛起的普鲁士成为德意志境内唯一可与奥地利匹敌的力量，并同奥地利展开对德意志统一运动领导权的争夺。在德意志统一问题上，设在法兰克福的德意志邦联议会内分为两派。“大德意志派”是亲奥地利的保守派，主张以奥地利为首来统一德意志，像梅特涅时代那样由奥地利统治着分裂的德意志各邦。奥地利与南方各邦支持“大德意志方案”，即新建的德意志国家与一个完整的奥地利帝国并存，两者建立某种特殊的纽带关系。“小德意志派”主要包括普鲁士和德意志中部、南部的自由派，主张把奥地利排除在外，以普鲁士为首，组成新的德意志联邦。这条道路被称为“小德意志方案”。两个方案的实质区别就是奥地利在统一后的国家中有无一席之地。奥地利自1848年革命后恢复了专制统治，且境内民族混杂，不愿冒着刺激非德意志人，掀起民族起义的风险来统一全德。而普鲁士不仅有统一的经济和军事实力，也有统一全德以发展资本主义的意愿。1864年，普鲁士以荷尔斯泰因与石勒苏益格的归属问题为由，联合奥地利发动了对丹麦的战争，正式开启了统一德意志的进程。

荷尔斯泰因历史上一直是德意志的一部分，石勒苏益格则有一半人口是德意志人，并且以德语为官方语言。然而，1815年的维也纳会议却将这两个公国划归丹麦管理，同时将荷尔斯泰因定位为“丹麦国王统治下的德意志邦联国”，这导致此后德意志与丹麦在这个问题上龃龉不断。1852年，在欧洲列强的调解下，双方签订《伦敦议定书》，规定保留荷尔斯泰因与石勒苏益格的传统特权，丹麦不得兼并石勒苏益格。1863年，丹麦推翻了《伦敦议定书》的规定，意图完全吞并这两个公国。丹麦的这一举动点燃了德意志民族主义情绪的怒火，普鲁士趁机联合奥地利发动了对丹麦的战争。在普奥结成同盟后，英、法曾威胁进行干涉，但在俾斯麦一系列的外交游说下并未采取实质性行动。俄国由于在镇压波兰起义的过程中曾受到俾斯麦的支持，对普丹战争也持默许态度。1864年2月，普奥联军攻入石勒苏益格，战争爆发。由于孤立无援，丹麦很快战败，被迫签订和约，将荷尔斯泰因、石勒苏益格分别交给奥地利和普鲁士管理。奥地利占领了远离本土且隔着普鲁士的荷尔斯泰因，为普鲁士挑起对奥战争提供了借口。

普鲁士取得第一场王朝战争的胜利后，俾斯麦立即展开多边外交，试图孤立奥地利。英国忙于镇压爱尔兰民族运动，内战后更加强大的美国也分散了英国对欧洲大陆的关注。为稳住英国，俾斯麦主动提出与其结成关税联盟。俄国由于对奥地利在克里米亚战争中临阵倒戈的背叛行为耿耿于怀，此时更倾向于支持普鲁士。法国的拿破仑三世在俾斯麦的亲自游说下，对普奥相争表示中立，实际上则希望两败俱伤，法国能够从中渔利。明确了三大国的立场后，俾斯麦利用意大利希望从奥地利手中夺回威尼斯的心理，向其提出普意结盟对奥作战的建议，双方一拍即合。因此，尽管普鲁士的崛起意味着将打破维也纳会议确立的欧洲均势格局，但各国却在利益纠葛和俾斯麦的周旋下选择了袖手旁观。

1866年6月，普鲁士在做足准备后将军队开进了荷尔斯泰因，挑起普奥战争。7月，普奥双方在萨多瓦展开决战，奥地利军队大败。8月，在英国的调停下，双方签订了《布拉格和约》。和约规定：德意志邦联解散，奥地利不得插手德意志事务；石勒苏益格、荷尔斯泰因并入普鲁士；奥地利赔偿普鲁士的战争损失并同意普鲁士吞并汉诺威、法兰克福等地。10月，奥地利与意大利在维也纳签订和约，将威尼斯交还意大利。1867年，普鲁士领导成立了“北德意志联邦”，将莱茵河以北的德意志22个邦和3个自由市纳入统一的版图之内，从而使普鲁士的领土面积扩展至34.7万平方公里，人口达到3 000万人，只有受法国支持的南德四邦即巴伐利亚、巴登、符腾堡和黑森-达姆斯塔特尚游离在联邦之外。普鲁士要实现德意志的完全统一，必须破除法国的阻碍，普法矛盾因此取代普奥矛盾成为德意志统一进程中的首要矛盾。

拿破仑三世长期以来都忌惮一个统一且强大的德意志在法国东方崛起，普奥战争后，法国开始想方设法阻挠普鲁士实现德意志的统一。英国对普法矛盾秉持置身事外的均势政策，普法相互制衡正是英国所喜闻乐见的，英法在争夺海外利益上的冲突也使英国倾向于支持普鲁士对抗法国。俄国再次成为普鲁士统一德意志进程中的关键一环。为能够集中力量对付法国，普鲁士以同意终止《黑海中立法》、变相承认俄国在黑海的霸权为条件换取了俄国的支持，双方在1868年3月订立了《普俄互助条约》。

正当普鲁士为普法战争积极进行外交和军事准备之时，西班牙王位继承问题加速了战争的爆发。1868年9月，西班牙女王伊莎贝拉二世被国内改革派推翻，流亡法国。西班牙内阁会议决定邀请普王威廉一世的堂兄、霍亨索伦家族的利奥波德亲王继承王位，由此激化了普法矛盾。1870年7月19日，法国正式向普鲁士宣战，普法战争爆发。战争开始后，英、俄、奥、意等国在俾斯麦的外交攻势下纷纷宣布中立。1870年9月初，普法两军在色当会战，法军面对准备充足且民族主义情绪高涨的普军溃不成军，拿破仑三世战败投降。随即，巴黎爆发革命，法兰西第二帝国覆灭。

1870年底，南德四邦宣布加入德意志联邦。1871年1月18日，威廉一世在凡尔赛宫的镜厅加冕称帝。至此，德意志的统一最终完成。5月10日，德法签订《法兰克福和约》，德国割占了法国的阿尔萨斯和洛林，并索取了50亿法郎的赔款。德国由此成为欧洲大陆雄霸一方的新兴大国。

二、大陆联盟体系的构建

《法兰克福和约》孕育着仇恨的种子，德国割占阿尔萨斯和洛林，使双方的矛盾达到了不可调和的地步。俾斯麦深知，统一不久的德国若想获得相对安全的周边环境，必须与欧洲各国特别是英、俄协调一致，联合一切可能成为法国盟友的国家，彻底孤立法国。一旦欧洲其他大国与德国产生冲突，法国势必成为这些国家坚定的支持者。为此，俾斯麦执政期间奉行谨慎而节制的外交政策——“大陆政策”，通过结盟的方式构建起一套繁复的大陆联盟体系。

俄国是俾斯麦外交活动的重心，因为一旦俄、法联盟，德国将面临两线作战的困境，俄国会对德国带来实质的威胁。德皇威廉一世与沙皇亚历山大二世是舅甥关系，维护传统的王朝友谊仍然是双方共同的诉求。普奥战争后成立的奥匈二元帝国由于未受到德国的过度打压，对德国并无强烈恶感。有鉴于此，德国对俄、奥均采取了积极的拉拢政策。1872年9月，在俾斯麦的促成下，德、奥、俄三国皇帝在柏林会晤，俄奥在土耳其问题上达成妥协，实现初步和解。1873年6月，俄奥签署《兴勃隆协定》，约定在第三国威胁欧洲和平时两国将采取共同行动。10月，德国加入该协定，三皇同盟正式形成。

三皇同盟并没有明确的共同目标，仅是为了暂时和平而结成的松散联盟，内部矛盾重重，结盟仅两年就在东方问题上出现了严重分歧。1875年7月，波斯尼亚和黑塞哥维纳爆发了反对土耳其统治的起义，巴尔干半岛的斯拉夫人随之也卷入其中。奥匈帝国出于自身利益的考虑，支持土耳其镇压起义军。俄国则希望巴尔干的斯拉夫人获得自治或独立，以伺机控制整个巴尔干半岛。不过，为了避免再次陷入克里米亚战争时期的孤立境地，俄国没有贸然采取行动，而是计划与奥匈帝国共同协商解决东方问题。德国出于维护三皇同盟的需要，极力促成俄奥妥协。1876年5月，在俾斯麦的推动下，俄奥在柏林签订"柏林备忘录"，一致要求土耳其在波、黑两省实施土地、税收和宗教改革，以平息起义。土耳其被迫接受了备忘录的要求。

其后不久，土耳其残酷镇压了保加利亚人民起义，引发了塞尔维亚、门的内哥罗正式对土宣战。1877年4月，俄国也加入对土作战，第十次俄土战争爆发。10月，俄军在高加索阿夫利亚尔–阿拉贾战役中击溃土军，一路向君士坦丁堡挺进。1878年3月，土耳其被迫与俄国签订《圣斯蒂法诺条约》，承认塞尔维亚、门的内哥罗和罗马尼亚完全独立，割让阿尔达汉、卡尔斯、巴统等地给俄国，建立保加利亚大公国并允许俄国驻军两年。

《圣斯蒂法诺条约》的内容引起了英、奥等国的强烈不满。英国自战争开始就公开反对俄国进攻土耳其，土耳其发出求援后，英国立即占领了君士坦丁堡附近的岛屿，以断绝英俄关系来要挟俄国停火。奥匈帝国在巴尔干半岛有直接利益，同样反对土耳其在条约中做出让步。1878年6月，在奥匈帝国外交大臣安德拉希的倡议下，欧洲各国在柏林召开会议，重新讨论东方问题的解决方案。德国在东方问题上牵涉较少，表面上自愿充当各国调解人的角色，实际上却希望发挥德国的纽带作用以借机孤立法国。7月13日，与会各国经过讨价还价签订了《柏林条约》。条约规定：俄国放弃建立大保加利亚的计划，该地区一分为三，给予各自不同的自治权，但仍归土耳其统治；奥匈帝国占领波斯尼亚和黑塞哥维纳；对俄国通过《圣斯蒂法诺条约》获得阿尔达汉、卡尔斯、巴统等地予以确认；维持海峡对一切外国军舰关闭的原则。

柏林会议期间，德国为打压法国，俾斯麦在充当仲裁人的过程中主动接受了英国人的拉拢，奥匈帝国因俄国违背在波、黑问题上的许诺也与英国达成了一致。俄国的两个盟友与英国共同逼迫俄国让出既得利益，导致俄德、俄奥关系急转直下，三皇同盟名存实亡。这也使得俾斯麦必须在俄、奥之间做出抉择。奥匈帝国虽实力远不如俄国，但俾斯麦却认为德国应首先选择与奥匈帝国结成同盟。这样不仅可以避免奥匈帝国投向法俄阵营，而且能将其作为迫使俄国重回三皇联盟的重要筹码，进而防止法俄接近。另外，奥匈帝国也需要德国提供安全保证。基于共同需求，德奥双方于1879年10月7日签订同盟条约，规定两国在遭受俄国侵略的情况下，双方出兵互相援助，而当一国与第三方国家发生冲突时，另一国保持友好的中立态度；如果这个第三国（特指法国）得到了俄国的支持，德奥应为此共同作战。[①] 随着时间的推移和国际形势的变化，德奥同盟越来越成为德国对外政策的支柱与核心。

不过，俾斯麦促成德奥同盟的初衷并不是排斥和打压俄国，德国的长久发展仍然需要俄国的支持。德奥同盟建立后立即引起了俄国的关注，俄土战争后俄国内部出现了严重的财政困难，无力独自对抗英国。俄德再次谈判，奥匈帝国随即也加入进来。1881年6月18日，俄、德、奥三国在柏林再次缔结《三皇同盟条约》。条约规定：巴尔干半岛任何领土与政治变更，都需要三国的一致同意；奥匈帝国可以兼并波斯尼亚和黑塞哥维纳；任一缔约国与第四国交战时，其他两国应保持善意中立。1873年的三皇同盟正式恢复。

在俄、德、奥三国协调关系的同时，意大利与法国的矛盾却日益尖锐起来。两国利益冲突的焦点主要在于突尼斯的归属问题。突尼斯与西西里岛隔海相望，意大利对其觊觎已久。1870年，法国在普法战争中战败，意大利企图趁机一举占领突尼斯，因遭到英、法的强烈反对而暂时作罢。1878年，法国在柏林会议上以承认英国占领塞浦路斯为条件，换取了英国支持其占领突

① 《国际条约集（1872—1916）》，世界知识出版社，1986，第58—59页。

尼斯。1881年4月，法国以突尼斯部落侵犯阿尔及利亚为由不宣而战，强行将突尼斯变为保护国。此时意大利已在突尼斯投入大量资金，突尼斯境内意大利移民人数众多，法国的突然入侵无异于将意大利多年的苦心经营化为泡影。然而，意大利仅凭借自身实力，根本无法与法国一争高下，遂主动提出加入德奥联盟。意大利入盟的要求正中德国下怀，1882年5月，德、奥、意正式签订同盟条约，建立三国同盟。条约规定：如意大利遭到法国进攻，德奥应予以援助；德国在遭到法国进攻时，意大利须履行同样的义务；如果缔约国遭到两个以上大国的进攻，三国应协同作战；如某国与任一缔约国发生战争，其他两国应保持善意中立。条约签订仅仅两天，意大利就发布声明指出，条约在任何情况下都不得被认为是针对英国的，实际上承认条约是以法、俄为假想敌。1883年10月，独立不久的罗马尼亚也在俾斯麦的撮合下加入了德国主导的大陆联盟体系。

三、大陆联盟体系的衰落

19世纪末，民族主义运动风起云涌。保加利亚大公亚历山大一世在俄国扶植下掌握政权后，因不满俄国使者的颐指气使，转而寻求摆脱俄国的控制，俄保关系因此日益紧张。1885年9月，东鲁米利亚爆发了反土耳其的起义，驱逐了土耳其委派的行政长官，宣布与保加利亚合并。俄国追求的是一个处在沙皇掌控之下的大保加利亚，鉴于俄保关系恶化，俄国迅速转变立场，公开谴责保加利亚违反《柏林条约》，要求恢复条约中对东鲁米利亚半自治的规定，解散保、东合并。1885年10月，各有关国家在君士坦丁堡举行大使级会议。俄国提出由土耳其收复东鲁米利亚，获得了德、奥、法、意的支持。英国则要求维持保加利亚的现状，希望继续借助亚历山大大公，遏制俄国在巴尔干地区的扩张。在英国的秘密策划下，土耳其与保加利亚达成协议，东鲁米利亚仍留在土耳其的版图之内，但苏丹任命亚历山大大公为该省总督。俄国不甘心就此失去保加利亚，利用保加利亚内部的亲俄势力发动政变，废黜了亚历山大大公，并派遣特使对保加利亚实施高压统治。俄国的倒行逆施激起了保加利亚国内的一致反对，1887年7月，在英国和奥匈帝国的支持下，保加利亚议会选出斐迪南接任大公，俄国彻底失去了对保加利亚的控制。

保加利亚危机再次激化了在东方问题上的矛盾，俄奥关系恶化。俄国将失去保加利亚的原因归咎于奥匈帝国背弃三皇同盟，勾结英国反俄，奥匈则认为三皇同盟难以阻止俄国向巴尔干扩张势力，德国陷入左右为难的境地。由于俄奥矛盾难以调和，《三皇同盟条约》期满各国均未提出续订的请求，作为俾斯麦大陆联盟体系重要支柱的三皇同盟就此终结。

保加利亚危机期间，德法之间的关系也日趋紧张。普法战争后，法国国内的激进派长期鼓吹沙文主义，并将之作为攻击温和派的有力武器，温和派主张的政策被视为放弃对德复仇的表现。1886年，布朗热就任法国陆军部长后，将沙文主义推至顶峰。一时间，收回阿尔萨斯和洛林的呼声甚嚣尘上。在布朗热的领导下，法国国内开始着手进行军事改革，加强东部的军事力量。德国对此高度警惕，俾斯麦一方面向国会提出新的七年强军计划，另一方面进一步加强德、奥、意三国同盟关系，以弥补大陆联盟体系失去三皇同盟支撑的不足。1887年2月，《三国同盟条约》期满续约，俾斯麦以支持意大利在北非的扩张行动为代价换取了意大利的坚定支持，加强了三国同盟的内部团结。尽管如此，俾斯麦仍感到有所缺憾，他一直希望能将欧洲传统大国——英国纳入自己构建的联盟体系之内。

德国虽有意与之结盟，但一时尚难以取得英国的信任。英国首相索尔兹伯里认为一旦英德结盟，抗衡俄国的担子势必落到英国头上，最终德国将坐收渔翁之利。英国更需要的是联合意大利，在地中海遏制法国，携手奥匈帝国共同对抗俄国在巴尔干的扩张。英法围绕“埃及问题”矛盾重重，法意在突尼斯问题上针锋相对，英奥在近东与俄国势同水火，与意、奥联合更符合英国的利益。1887年2月，英、意签订针对法国的《第一次地中海协定》，奥匈、西班牙随后也相继加入了该协定。根据该协定，各国共同维持地中海、亚得里亚海和黑海的现状；英国支持意大利的北非政策，意大利支持英国的埃及政策。1887年12月，英、奥、意签订《第二次地中海协定》，约定三国共同维持近东现状，保护黑海海峡，确认土耳其对保加利亚和小亚细亚的宗主权。该协定明显具有针对俄国的意图，英俄在东方问题上的矛盾日益激化。由于英、奥、意遏制法、俄的目标与德国的利益一致，德国对此乐见其成。

由于英国在两次《地中海协定》中不愿承担明确的同盟责任，其对法、俄的制约作用也显得极为有限。另外，三皇同盟解体后，法、俄联合的可能性进一步提高。为此，俾斯麦一直希望能够促成德、俄再次签订协定，确保俄国在未来可能发生的德法战争中保持中立。俄国在保加利亚危机后，也希望能够在巴尔干和黑海海峡问题上得到德国的支持。1887年1月，俄国驻伦敦前大使彼得·舒瓦洛夫伯爵向俾斯麦提议，排除奥匈帝国，德俄之间单独缔结一份条约，俾斯麦欣然接受。1887年 6月，德、俄在柏林签订《再保险条约》。条约规定：缔约国若与除法国和奥匈帝国外的第三方交战，另一方应保持善意中立；德国承认俄国在保加利亚和东鲁米利亚拥有特殊利益；维持海峡封闭的既有原则。该条约使德国获得了俄国在德法战争中保持中立的承诺，加之1879年德奥同盟建立时奥匈帝国也有同样的中立保证，德国获得了双重保险。

通过《三国同盟续约》、两次《地中海协定》和《再保险条约》，俾斯麦基本上完成了对大陆联盟体系的调整。在三皇同盟瓦解的情况下，德国与奥、俄依然保持着事实上的结盟关系，形成了德、奥、意、英、俄、法等国相互牵制的态势。不过，俾斯麦精心构建的大陆联盟体系并没有维持多久就瓦解了。

1888年6月，德国新皇弗里德里希三世在位仅99天就因病去世，其子威廉二世继位。威廉二世对俾斯麦视德俄同盟为大陆联盟体系重要支柱的观点不以为然，其更倾向于与英国交好，以实施海外扩张。二人的政见分歧逐渐发展到不可调和的地步，俾斯麦被迫于1890年3月辞职，卡普里维接任德国首相。卡普里维上台后，在威廉二世的支持下摒弃了俾斯麦的“大陆政策”，实行亲英疏俄的“新路线”。《再保险条约》期满后，德国断然拒绝了俄国提出的续约请求。新内阁认为，该条约既不能阻止法国向德国复仇，也无法确保俄、法永不结盟。更为重要的是，《再保险条约》中德国对俄国的承诺正是两次《地中海协定》所规避的，如果德国忠实履行《再保险条约》中规定的义务，便会与《地中海协定》相冲突，引发英国的不满。威廉二世和卡普里维均希望能够与英国建立新的三皇同盟，然而英国对此并不感兴趣，德国陷入了鸡飞蛋打的窘境。

没有了俄国的制衡作用，德国再也不能像过去那样在俄、奥之间左右逢源，被更紧密地束缚在与意大利、奥匈帝国的同盟之中。1891年6月，德、奥、意提前一年再次续订了《三国同盟条约》。此举与拒绝《再保险条约》续约形成了鲜明的对比，使俄国与德国的关系进一步恶化，刺激俄国转而开始接近同样被德国孤立的法国。

早在俾斯麦辞职之前，法国已经开始了拉拢俄国的外交活动。1888年，法国银行家鼓励俄国在法国市场上募集债券，通过经济互动为政治交往搭桥铺路。1891年7月，法国舰队应邀访问俄军波罗的海重要基地喀琅施塔得军港，向外界传达出了两国结盟的先声。8月，法俄在彼得堡签署协定，约定两国将对任何可能发生的威胁进行磋商，一旦其中的一方遭受第三方的侵略，另一方应采取相应的措施。1891年8月，两国再次签订军事协定，明确规定：如果法国被德国或意大利攻击，或者俄国遭到德国或奥匈帝国的攻击，对方应使用全部兵力予以支援；如果三国同盟中任一国发起战争动员，缔约双方一经得知，应同时动员各自的全部兵力，并尽可能集结兵力至边境；两国用于对抗德国的兵力为法军130万人、俄军70万或80万人。欧洲大陆由此出现了德、奥、意三国同盟与法、俄同盟对抗的局面。法俄结盟也使德国丧失了外交上的灵活性，在欧洲事务中陷入了左支右绌的境地，俾斯麦苦心经营的大陆联盟体系最终瓦解。

四、国内学术界关于俾斯麦大陆联盟体系的研究

国内学术界对于俾斯麦大陆联盟体系的研究，主要从俾斯麦个人的外交思想、大陆联盟体系的构成、特点与影响等方面展开探讨，大致可分为如下几类：

（一）俾斯麦的外交思想

王存胜的《俾斯麦外交思想析论》从现实主义政治观、强权政治思想、力量均衡思想、基于“利益计算”的自制思想等方面阐述俾斯麦的外交思想，提出了俾斯麦的现实主义外交策略在具体实施过程中需要保持自我克制，其本身存在缺陷的观点。[①] 王丁冉的硕士学位论文《俾斯麦外交思想研究》从俾斯麦外交思想的形成、内涵和评价三方面着手，结合俾斯麦的性格因素、生活的时代背景和思想来源，对俾斯麦的外交思想进行深入分析，认为俾斯麦的外交思想具有浓厚的国家利益至上色彩。[②] 杨静的硕士学位论文《俾斯麦的民族主义观及民族主义策略》从俾斯麦的个人经历出发，分三阶段阐述了俾斯麦民族主义观念的构建，并将其民族主义的三个特点归纳为：攻击性、保守性和功利性。[③] 孙玉娟的《论俾斯麦的大陆政策》认为俾斯麦采取的自制政策、均势外交和大陆同盟体系，有效地保证了德国的安全与稳定，维持了欧洲的均势。[④] 杨凤霞的《俾斯麦：从普鲁士的容克到现实政治与务实外交的实践者》通过分析俾斯麦外交思想中的现实政治原则和机会主义的弹性外交原则，提出这些原则有利于德意志民族的政治统一和经济一体

---

① 王存胜：《俾斯麦外交思想析论》，《淮北煤炭师范学院学报（哲学社会科学版）》2006年第3期。

② 王丁冉：《俾斯麦外交思想研究》，硕士学位论文，吉林大学政治系，2007。

③ 杨静：《俾斯麦的民族主义观及民族主义策略》，硕士学位论文，华中师范大学历史系，2012，第1页。

④ 孙玉娟：《论俾斯麦的大陆政策》，《新学术》2007年第5期。

化的观点。[①] 宋曦的《再谈俾斯麦的均势外交——以柏林会议和德奥同盟为例》认为俾斯麦均势外交思想是基于一种防御性的国家安全考虑，可把俾斯麦外交概括为“求、尝、逼”三字，即求自保、尝信任和逼和平。[②]

（二）俾斯麦的外交政策

关于俾斯麦外交政策的起源，承庆昌的《评德意志帝国宰相俾斯麦的外交政策》认为，俾斯麦的对外政策来自俾斯麦对地缘政治的深刻认识。[③] 靳艳的《从地缘战略视角评析俾斯麦的对俄外交政策》认为，俾斯麦的外交政策深受地缘政治的影响。[④] 王开明的《评德意志第二帝国时期的对外战略——从俾斯麦到威廉二世》也持类似观点，同时提出俾斯麦时期的外交政策之所以能取得辉煌成就，是由于其深谙地缘政治困境并具有出色的个人才能。[⑤] 王颖的《浅谈俾斯麦及其外交政策》认为，俾斯麦的外交政策深受欧洲大陆国家力量对比变化的影响。[⑥] 陈勇的《德意志第二帝国时期俾斯麦制定东方政策的基本依据与战略图谋》认为俾斯麦制定的东方政策是为了孤立法国，保护德国的安全，避免出现包围性联盟。东方政策不仅给统一后德国的发展营造了良好的国际环境，而且正因其阻止了法俄结盟局面的出现，从而为德国赢得了20年的和平时间用以大力发展经济。[⑦] 庄艳、谷瑞雪的《评俾斯麦1871—1890年的外交政策》深入分析了俾斯麦外交政策出台的背景、政策目标、实施过程及其最终影响，肯定了俾斯麦外交政策的实用性，认为

① 杨凤霞：《俾斯麦：从普鲁士的容克到现实政治与务实外交的实践者》，《黑龙江社会科学》2008年第1期。

② 宋曦：《再谈俾斯麦的均势外交——以柏林会议和德奥同盟为例》，《华中人文论丛》2013年第1期。

③ 承庆昌：《评德意志帝国宰相俾斯麦的外交政策》，《山西师大学报（社会科学版）》1999年第1期。

④ 靳艳：《从地缘战略视角评析俾斯麦的对俄外交政策》，《历史教学（高校版）》2007年第2期。

⑤ 王开明：《评德意志第二帝国的对外战略——从俾斯麦到威廉二世》，《国际政治研究》2002年第3期。

⑥ 王颖：《浅谈俾斯麦及其外交政策》，《昌吉学院学报》2002年第4期。

⑦ 陈勇：《德意志第二帝国时期俾斯麦制定东方政策的基本依据与战略图谋》，《阜阳师范学院学报（社会科学版）》2011年第5期。

俾斯麦外交政策成功的关键在于他对地缘政治的深刻认识。[①]

关于俾斯麦外交政策的特点，王晓强的《从德奥同盟的建立看俾斯麦的外交特点》认为俾斯麦的外交政策有着务实机变的外交风格、现实的外交态度以及始终如一的外交目的等特点。[②] 罗月娥、孔凡立的《俾斯麦外交政策的特点及其局限性》认为，俾斯麦外交政策的特点是有强烈的现实主义观、均势思想等，其局限性在于片面强调国家间的冲突和斗争，忽视合作的可能性。[③]姜爱晟的硕士学位论文《俾斯麦外交模式及其启示》将俾斯麦外交政策的特点总结为四点：低姿态、大结盟、绝对孤立和矛盾均势。[④] 雷颐的《"铁血宰相"俾斯麦的外交手腕》将俾斯麦的外交策略归纳为三个方面：化敌为友，寻求共同利益；完全以现实利益为主要目标；奉行强力政策。[⑤]

关于俾斯麦外交政策的不足之处，较多学者都关注到1875年的德法战争危机，这场危机被视为俾斯麦外交政策的重大失误。其中，宋黎磊的《1875年德法战争危机与欧洲大国外交》评价这场危机中德国的失败是俾斯麦外交生涯的首次受挫。[⑥] 帖姗宏的《再看1875年德法战争危机》也认为这场危机是俾斯麦辉煌外交生涯中的一次惨痛失败。[⑦] 祝越的《1875年德法战争危机与俾斯麦外交战略的改变》则认为1875年德法战争危机改变了俾斯麦的外交战略方针。[⑧] 此外，缪建的《论阿尔萨斯和洛林问题对俾斯麦外交体系的影响》提出，阿尔萨斯和洛林问题恶化了德国的地缘政治，并对俾斯麦外交体系和法德关系产生了深远影响。[⑨] 马骏的《论保加利亚危机期间的俾斯麦外

① 庄艳、谷瑞雪：《评俾斯麦1871—1890年的外交政策》，《邢台学院学报》2010年第2期。
② 王晓强：《从德奥同盟的建立看俾斯麦的外交特点》，《湖州师范学院学报》2007年3期。
③ 罗月娥、孔凡立：《俾斯麦外交政策的特点及其局限性》，《大庆师范学院学报》2011年第31卷第2期。
④ 姜爱晟：《俾斯麦外交模式及其启示》，硕士学位论文，华中师范大学政治系，2015，第31页。
⑤ 雷颐：《"铁血宰相"俾斯麦的外交手腕》，《文史天地》2016年第12期。
⑥ 宋黎磊：《1875年德法战争危机与欧洲大国外交》，《西安文理学院学报（社会科学版）》2005年第1期。
⑦ 帖姗宏：《再看1875年德法战争危机》，《江苏教育学院学报（社会科学版）》2006年第5期。
⑧ 祝越：《1875年德法战争危机与俾斯麦外交战略的改变》，《法制与社会》2010年第2期。
⑨ 缪建：《论阿尔萨斯和洛林问题对俾斯麦外交体系的影响》，《前沿》2006年第9期。

交》以1885年保加利亚危机为背景评价俾斯麦外交政策的得失，认为俾斯麦运用出众的外交技艺化解了大陆联盟体系瓦解的危机，但也暴露了其外交谋略的基本缺陷与历史局限性。[①]

（三）大陆联盟体系

关于大陆联盟体系的构成，申博闻的《俾斯麦体系——欧洲均势的一次重要尝试》从体系的建立、运作及其存在的问题分析俾斯麦大陆联盟体系，认为俾斯麦的外交政策其实是借鉴了梅特涅的均势思想而形成的。该文将俾斯麦外交战略布局归纳为联奥、拉俄、亲英、反法，其中联奥是建立均势体系的关键。[②] 申林灵的《试论欧洲大陆均势格局演变——以1870—1907年为例》认为是俾斯麦在短短5年间建立起包括俄、奥、意、罗在内的五国联盟，并且使德国处于联盟的中心位置，成为欧洲三极格局中与英、法鼎足而立的重要一极。[③] 杨芳菲的《合法性视角下的大国崛起研究》认为德国通过战争树立自身的权威，并利用民族主义的生存规范、均势原则的共处规范，建立了“大陆联盟体系”。[④]

关于大陆联盟体系的性质与特点，黄建峰的《俾斯麦体系下国际关系与中国国际关系的发展思考》认为俾斯麦体系的本质在于德国外交的克制性，其目的是维护自身安全。[⑤] 白若萌的《俾斯麦外交体系的内在逻辑——兼论对中国和平崛起的启示》认为俾斯麦外交体系的本质在于以矛盾制衡矛盾。它压制了但未能解决原有的矛盾，而且造成了一系列新矛盾：一是法德关系无法和解；二是自身体系充满矛盾冲突；三是大陆联盟体系并未体系化、制

① 马骏：《论保加利亚危机期间的俾斯麦外交》，《学海》2000年第2期。

② 申博闻：《俾斯麦体系——欧洲均势的一次重要尝试》，《沧桑》2011年第5期。

③ 申林灵：《试论欧洲大陆均势格局演变——以1870—1907年为例》，《黑龙江史志》2015年第13期。

④ 杨芳菲：《合法性视角下的大国崛起研究》，《近现代国际关系史研究》2019年第16辑第1期。

⑤ 黄建峰：《俾斯麦体系下国际关系与中国国际关系的发展思考》，《改革与开放》2015年第20期。

度化，后世无法效仿。[①] 于宁宁的《俾斯麦大陆联盟体系述评》总结出俾斯麦体系的三个特性：均势特性、地缘特性与矛盾特性，认为俾斯麦建立的联盟体系首要目的是恢复欧洲的均势，实现欧洲社会秩序稳定，避免在德国周围出现强邻包围性联盟。[②]

关于大陆联盟体系的影响，沈劼的《从俾斯麦到威廉二世——德意志第二帝国外交政策的转变及其影响》着重考察这一时期德国对外政策的变化以及这种变化对世界政治的影响，分析了导致转变的内外因素，认为德国外交政策的转变是第一次世界大战爆发的重要原因。[③] 司德坤的《德意志帝国统一对欧洲国际秩序的冲击》对德国统一以及俾斯麦大陆联盟体系的建立是导致第一次世界大战爆发的原因的观点进行批判，认为国际秩序变更的深层机理当属传统强国与新兴强国间力量结构的急速下落和上扬，德国统一后国力剧增彻底改变了欧洲国际力量对比的原有构造应是核心动因，俾斯麦之后的德国政治家毫无节制地追求霸权则是主要诱因。[④] 郭广建、李炳霖的《从历史的视角总结新兴国家崛起对国际体系的影响》认为，俾斯麦大陆联盟体系并没有使德国走上扩张和争霸的道路，有利于保存德国统一的胜利果实和建立欧洲新秩序。[⑤] 孙兴杰的《柏林会议与"东方问题"巴尔干化的起源》认为俾斯麦构建大陆联盟体系的目的在于避免德国强大后对原有欧洲均势体系的冲击，但是俾斯麦的欧洲体系无法应对欧洲以外的利益冲突，因此以失败而告终。[⑥]

---

① 白若萌：《俾斯麦外交体系的内在逻辑——兼论对中国和平崛起的启示》，《社会科学家》2013年第5期。

② 于宁宁：《俾斯麦大陆联盟体系述评》，《科教导刊（中旬刊）》2011年第16期。

③ 沈劼：《从俾斯麦到威廉二世——德意志第二帝国外交政策的转变及其影响》，《黄石理工学院学报（人文社会科学版）》2009年第5期。

④ 司德坤：《德意志帝国统一对欧洲国际秩序的冲击》，《燕山大学学报（哲学社会科学版）》2018年第19卷第2期。

⑤ 郭广建、李炳霖：《从历史的视角总结新兴国家崛起对国际体系的影响》，《科教导刊（中旬刊）》2013年第8期。

⑥ 孙兴杰：《柏林会议与"东方问题"巴尔干化的起源》，《吉林大学社会科学学报》2019年第1期。

（四）威廉二世的外交政策

吴瑞的《简析威廉二世的世界政策》认为经济发展是德国施行世界政策的最大原因，威廉二世要求按资本和实力重新瓜分世界，渴望德国从一个欧陆强国扩展成为一个世界强国，妄图建立一个从北海、波罗的海到亚得里亚海，从柏林到巴格达的“大德意志帝国”，并与列强争霸世界。其具体措施包括：制造舆论、发展海军、改组政府、争夺势力范围等。[①] 何兰的《威廉二世的“世界政策”及其经济、思想渊源》认为垄断的出现和迅速发展是威廉二世“世界政策”形成的重要经济原因，泛滥于德国的社会进化论、种族优越论、选民论、德国利益论等是“世界政策”的思想源泉。[②] 高荆民的《“世界政策”——德国现代化特殊性的选择》认为德国政治现代化的特殊性使得德意志帝国明显地带有半专制和半封建性，它是产生和实施“世界政策”的政治条件和政策选择；德国社会结构现代化的特殊性为“世界政策”提供了内部条件，德国思想文化现代化的特殊性所造成的军国主义思潮泛滥和民族沙文主义膨胀，为威廉二世的“世界政策”提供了意识形态根据和自我辩解的理由，成为其疯狂扩张政策的思想动力。因此，“世界政策”是德意志现代化特殊性的必然结果和必然选择。[③] 方家、张士昌的《威廉二世时期德国对外政策析论》认为威廉二世时期德国对外政策不仅可以视为容克所带来的侵略性使然，也可以看作容克对新兴资产阶级的妥协。[④]

张先友的《德国军方与1890年对俄政策的转变》认为德国“新路线”的核心和标志是对俄政策的转变。[⑤] 刘鑫的硕士学位论文《威廉二世研究》认为威廉二世的国际政治理念是以维护国家利益和国家荣耀为出发点，与纳粹

---

① 吴瑞：《简析威廉二世的世界政策》，《史学月刊》1989年第6期。

② 何兰：《威廉二世的“世界政策”及其经济、思想渊源》，《江汉论坛》1999年第1期。

③ 高荆民：《“世界政策”——德国现代化特殊性的选择》，《武汉大学学报（人文科学版）》2002年第4期。

④ 方家、张士昌：《威廉二世时期德国对外政策析论》，《兰州工业学院学报》2013年第20卷第6期。

⑤ 张先友：《德国军方与1890年对俄政策的转变》，《法制与社会》2007年第3期。

时期完全以征服和掠夺为特征的军国主义不能混为一谈。[①] 彭菊华的《试析德国“新路线”政策的出台》认为，威廉二世的“新路线”政策的出台既受社会经济、政局、思潮发展的影响，也与威廉二世个人有很大的关联。[②] 张志刚的《浅析威廉二世“世界政策”》就“世界政策”的特征、实质及其形成的经济、思想因素进行了探讨，认为“世界政策”改变了原先俾斯麦为德国谋求欧洲霸主的政策，开始谋求世界霸权。[③]

（五）比较研究

叶隽的《俾斯麦与曾国藩之试比较》从时代背景、成长环境、军事手段和政治观念四个角度对俾斯麦和曾国藩进行比较研究，认为民族、文化、传统的不同使得二者的思维和处事方法有所不同。[④] 作者的另一篇文章《威廉二世与光绪皇帝之试比较》从成长环境、时代背景、实际权力和重大决策等四个方面探究威廉二世和光绪皇帝的共性与不同，认为二者虽然主观上都想通过自己的政治“杰作”来创立自己的政治事业，但在客观上却加速了帝制的解体过程。[⑤] 郑功的《1891年〈法俄政治协定〉——写在〈法俄政治协定〉达成110周年之际》，探讨了1890年俾斯麦辞职之后德国在外交上实行的“新路线”政策，认为正是受德国外交政策变化等因素影响，法俄才开始寻求抱团取暖，最终通过《法俄政治协定》结为同盟。[⑥] 陈勤的《无法维持的平衡——从俾斯麦外交成功到新路线的失败》认为，俾斯麦外交与新路线外交的最大区别在于：俾斯麦把精力只集中在欧洲大陆，其外交政策是有约束的和保守的，因而基本上也是和平的；新路线外交在德国已经巩固了欧洲地位的时候，德国却完全不知道要对局势进行精确的分析后再做出正确的选

① 刘鑫：《威廉二世研究》，硕士学位论文，华东师范大学历史系，2008，第93–94页。
② 彭菊华：《试析德国“新路线”政策的出台》，《知识经济》2008年第7期。
③ 张志刚：《浅析威廉二世“世界政策”》，《智富时代》2016年第12期。
④ 叶隽：《俾斯麦与曾国藩之试比较》，《德国研究》1997年第3期。
⑤ 叶隽：《威廉二世与光绪皇帝之试比较》，《德国研究》1999年第2期。
⑥ 郑功：《1891年〈法俄政治协定〉——写在〈法俄政治协定〉达成110周年之际》，《北京第二外国语学院学报》2001年第6期。

择，这使得德国的外交趋于僵化，并缺乏弹性，减少了施展外交活动的空间。[①]

林亲刚的《论英、德、日的“大陆政策”》则通过分析英、德、日三国不同的均势，认为英、德的大陆政策是英、德两国在欧洲大陆推行的一种均势外交政策。它不以谋求对欧洲任何国家的直接军事占领为目标，而是以有利于本国的发展、确保本国利益为目的；日本的大陆政策则是在亚洲大陆推行的一种侵略政策，以侵占中国、朝鲜等大陆国家为目标，以称霸亚洲、征服世界为目的。三国的大陆政策在本质上都是资本主义国家利己主义的外交政策、霸权政策。[②] 王紫娟的《英国均势模式与俾斯麦均势模式之比较》分析了两国均势模式的不同状况，指出二者最大的不同在于英国均势外交的特点是后发制人，而俾斯麦均势外交是采取预防性的多重保障措施。[③]孙海棠的《十九世纪下半叶德奥俄三边关系演变及其原因——一种地缘政治视角分析》运用洛威尔·迪特默关于三边关系的分析模式，指出从俾斯麦到威廉二世时期的德奥俄三边关系，经历了从“浪漫三角”到“稳定婚姻”的转变。为了防止包围遏制的安全困境出现，俾斯麦始终实行防御性的外交政策，其继任者却转而实行扩张性外交政策，德国被迫在俄奥之间做出选择，三边关系的模式演变成德奥“稳定婚姻”，被排斥的俄国转而向法国和英国寻求帮助，世界局势逐渐走向两大军事集团的对抗，最终引发了第一次世界大战。[④]

---

① 陈勤：《无法维持的平衡——从俾斯麦外交成功到新路线的失败》，《学海》2003年第2期。
② 林亲刚：《论英、德、日的“大陆政策”》，《湘潮（下半月）（理论）》2008年第1期。
③ 王紫娟：《英国均势模式与俾斯麦均势模式之比较》，《兰州大学学报（社会科学版）》2009年增刊第1期。
④ 孙海棠：《十九世纪下半叶德奥俄三边关系演变及其原因——一种地缘政治视角分析》，《世纪桥》2010年第5期。

专题五

『门户开放』政策

19世纪40年代，主要资本主义国家基本上完成了第一次工业革命，生产力水平得到了大幅提高，亟需获得工业原材料和开拓商品市场。相较于资本主义国家发生的急剧变革，处于东亚大陆的清王朝仍沉浸在“天朝上国”的迷梦中，对外奉行“闭关锁国”的政策，最终与世界潮流失之交臂。鸦片战争后，列强纷至沓来，强迫清政府签订了一系列不平等条约，在中国划分势力范围，攫取侵略利益。美国作为资本主义国家的后起之秀，一直不满足于追随列强分取有限的利益，在羽翼渐趋丰满后，遂根据自身在华利益需求提出了“门户开放”政策。

一、列强侵华

鸦片战争前，中国在对外贸易中长期处于出超的地位，自给自足的小农经济使中国对外部商品的需求量一直维持在较低水平，而中国出产的瓷器、茶叶等商品却畅销海外市场。为了扭转对华贸易逆差，西方国家特别是实力最为强大的英国选择向中国大量输入鸦片，使中国逐渐由原来的贸易出超国转变为入超国。鸦片肆虐造成的危害切实影响到了清王朝的统治，1839年，清政府在黄爵滋的建议下，任命林则徐为钦差大臣，赶赴广东主持禁烟。英国以此为借口，于1840年6月挑起了第一次鸦片战争。1842年8月，清政府在英国坚船利炮的威胁下与之签订了屈辱的《南京条约》，割地和赔款之余还被迫开放广州、福州、厦门、宁波、上海五处为通商口岸（五口通商），准许英商自由开展贸易活动。五口通商使中国丧失了贸易自主权，割让香港使中国领土主权遭到了严重侵犯，协定关税使中国失去了关税自主的权利，中国被迫融入了列强主导的世界体系。此后，英国又逼迫清政府与之签订《虎门条约》，由此获得了领事裁判权、片面最惠国待遇、居住和租地权，以及鸦片贸易公开化等权益。《南京条约》和《虎门条约》签订后，西方列强对英国攫取的特权十分眼红，纷纷趁火打劫，强迫清政府签订不平等条约。美国于1844年7月强迫清政府签订《望厦条约》，攫取了除割地、赔款以外英国在《南京条约》中取得的各项特权，并进一步扩大了领事裁判权的范围，强化了协定关税权。法国紧随其后，于1844年10月用同样的手段强迫清政府签订了《黄埔条约》，从而获取了中英、中美条约中规定的全部在华特权，同时还使清政府放弃了对天主教的禁令。

1854—1856年，英、法、美相互援引最惠国条款，先后向清政府提出了全面修约的要求，以进一步打开中国市场，扩大在华侵略利益，但都遭到了清政府的拒绝。为达到目的，1856年10月，英、法分别以“亚罗号事件”及“马神甫事件”为借口发动了第二次鸦片战争，俄、美随后也加入了武装侵华的队伍。1858年5月，天津失陷。6月，清政府被迫同俄、美、英、法四国相继签订《天津条约》。据此条约，外国公使开始常驻京师，增开了牛庄、登州、台湾、汉口、九江、南京、镇江、琼州、潮州等处为通商口岸，外国人可前往内地游历、通商和自由传教，外国的商船可以在长江各口岸自由往来。11月，英、法、美三国又强迫清政府在上海签订了《中英通商章程善后条约》，不仅使鸦片贸易正式合法化，还规定中国海关由外国人“帮办税务”，洋货运销内地免征除子口税以外的一切其他税项。尽管如此，英、法仍不满足，借换约之机再次挑起战争。1860年8月，英法联军攻陷大沽，进占天津。10月，占领并纵火焚烧了圆明园。10月24日、25日，清政府在英法的逼迫下交换了《天津条约》的批准书，并签订了中英、中法《北京条约》。《北京条约》增开天津为商埠，割让九龙司给英国，归还此前没收的天主教财产，允许英法招募华工出国。《北京条约》进一步破坏了中国的主权，加深了中国的半殖民地化。在英法联军进犯天津、入侵北京的同时，俄国也加快了侵华的步伐。1858—1864年，俄国通过《瑷珲条约》《北京条约》《勘分东界约记》《勘分西北界约记》等一系列不平等条约，共侵占我国领土150多万平方公里。

此外，英、俄、法等国还自北向南加强了对中国新疆、西藏、云南、广西等地的渗透乃至入侵，进一步加剧了中国的边疆危机。从19世纪60年代末开始，英、俄就争相拉拢阿古柏割据势力，企图利用其将新疆从中国分离出去。左宗棠收复新疆后，英、俄并未就此罢手，又将侵略的触角伸向了西藏，英国更是先后发动了两次侵藏战争。在欧洲大陆深受孤立和压制的法国也不甘落后，从越南步步向中国紧逼，于1883年挑起了中法战争。

早在19世纪50年代，法国就已经开始入侵越南。1862年6月，法国强迫越南阮氏王朝签订了《西贡条约》，先后侵占了南圻六省。1873年，法军一路向北，进犯河内。越南恳求刘永福率领黑旗军共同抗击法国侵略者，黑旗军在红河流域重创法军。1880年，法国侵略势力卷土重来，增兵越南，并企图以越南为跳板打开中国的西南大门，将这一地区变为法国的势力范围。1882年4月，河内陷落，法国妄图打通红河，直逼云南。黑旗军顽强抵抗，将法军围困在河内地区长达一年多。1883年8月，法国进一步扩大侵越战争，逼迫越南政府签订第一次《顺化条约》，由此取得了对越南的“保护权”。其后，法国将侵略的矛头再次指向中国，一面继续向北进犯，一面逼迫清政府撤回在越南北部的中国军队，召回刘永福，打开云南边界。清政府畏于敌人的炮火，一味求和，于1884年5月签订了《中法简明条约》，承认法国占有越南，并允许法国商品通过云南、广西销往中国内地。法国并未因此而停止侵略的脚步，8月，法舰在进犯基隆受挫后，将进攻目标转向防备松弛的福建马尾港。8月22日，福建水师全军覆没。此后，虽然在冯子材的指挥下清军取得了镇南关大捷，扭转了中法战争的局面，但腐朽的清政府却选择向法国求和，于1885年6月与之签订了《中法新约》，正式承认法国对越南的保护权，并在指定地点向法国开放两处通商口岸，日后修筑铁路亦须同法国协商。法国的势力自此侵入到中国的西南边疆。不仅如此，东亚自古形成的以中国为中心的区域秩序也遭到了严重破坏。

二、东亚原有秩序的崩溃

在西方殖民者入侵之前，东亚地区长期保持着一个独特的以中国为中心的封贡体系。这一体系随着近代西方列强的入侵而逐渐瓦解，日本的崛起与扩张更是给东亚传统的区域秩序带来了致命的打击。

明治维新之前的日本已经出现了资本主义萌芽，商业性农业有了较大发展，农村手工业也逐渐同农业分离。西方入侵进一步加速了日本封建社会的解体，1853年7月，佩里叩关迫使日本打开了国门。在有识之士的号召下，日本掀起了向西方学习的思潮。1868年，日本开启了自上而下的资产阶级改革运动——明治维新，通过"版籍奉还"和"废藩置县"，结束了封建割据的局面，建立了中央集权国家；通过土地改革、地税改革和实施"殖产兴业""富国强兵"等政策，迅速完成了近代化转型的进程。随着国力的增强，日本也开始谋划以武力重新构建东亚的国际秩序，企图称霸亚洲。

1872年，日本首先向中国的藩属国琉球发起侵略行动，要求琉球国王接受其册封的藩王称号。1873年，日本以台湾高山族误杀琉球船员事件向清政府提出诸多无理要求，在遭到拒绝后，于次年5月出兵侵犯台湾。10月，清政府在英、美等国的"调停"下，与日本签订了《北京专约》，赔偿日本军费50万两白银。1879年，日本以武力非法吞并琉球，改为冲绳县。日本的侵略试探和清政府的妥协退让，使东亚封贡体系开始松动。

在侵占琉球的过程中，日本还把侵略的目光投向了中国的另外一个藩属国朝鲜，希望吞并与中国陆路相连的朝鲜半岛，然后以其为跳板向中国扩张。1876年，日本以武力相威胁，逼迫朝鲜与之签订《江华条约》，由此攫取了在朝鲜开埠通商、派驻领事的特权。1882年，日本以"壬午兵变"中遭受人员与财产损失为借口，胁迫朝鲜政府签订《仁川条约》，从而获得了在汉城（今首尔）的驻兵权，使日本军事力量第一次扩张至亚洲大陆。1884年，日本趁清政府忙于中法战争之机，在朝鲜策划了"甲申政变"。虽然朝鲜政府在清军的帮助下迅速平定了叛乱，但日本通过事后与朝鲜签订的《汉城条约》以及与清政府签订的《天津会议专条》，取得了在朝鲜与中国对等的地位，将朝鲜置于中日两国的共同保护之下，为日本进一步侵占整个朝鲜半岛打开了方便之门。

1894年，朝鲜爆发东学党起义，朝鲜国王请求清军出兵帮助平叛，由此引发了中日甲午战争。清军战败，李鸿章代表清政府与日本签订了丧权辱国的《马关条约》。在条约中，清政府承认朝鲜独立，从此失去了最后一个藩属国，曾长期作为东亚区域秩序的封贡体系彻底崩溃。在原有的封贡体系中，中国与琉球、越南、朝鲜的宗藩关系明确，封贡格局清晰。清政府能在有关的国际冲突中扮演指导性的甚至是决定性的角色，在东亚地区发挥主导作用，这是中国在遭受列强欺凌下仍然是东亚大国的重要标志。《马关条约》签订后，中日关系发生了颠覆性的变化，中国的东亚大国地位为日本所取代，在相当长的一段时间内成了被侵略的对象。日本则在战后通过参加在海牙举行的第一次和第二次国际和平会议，加入了欧洲列强主导的国际关系体系。

甲午战争将清政府的无能尽数展现在列强面前，列强援引利益均沾的片面最惠国待遇条款，先后获得了日本通过《马关条约》攫取的各种特权。列强利用中国廉价的原材料和劳动力开设工厂，导致中国的民族工业举步维艰，极大地阻碍了中国工业近代化的自主发展进程。《马关条约》中沙市、重庆、苏州、杭州四口的开放，使列强的势力得以自江浙到四川进入中国最富庶的长江流域。日本割占台湾和澎湖列岛，刺激列强掀起了瓜分中国的狂潮。在19世纪的最后几年，列强纷纷在中国强占租借地，划分"势力范围"。其中，德国抢占胶州湾，将山东划入自己的势力范围；俄国通过《中俄密约》《中俄旅大租地条约》抢占旅顺、大连，将整个东北划为势力范围；法国通过《广州湾租界条约》，将湛江沿海一带变为其租借地，并将云南、广西、广东三省划为势力范围；英国在强租威海卫和九龙之余，将长江流域也划为自己的势力范围；日本更是进一步把福建纳入其势力范围。

1900年，列强以义和团运动为借口，由英、俄、德、法、日、美、意、奥组成八国联军，从天津攻入北京。1901年，列强迫使清政府签订了《辛丑条约》，榨取本息合计9.8亿两白银的赔款，控制了清政府除田赋以外的主要财政来源；获得了修约权和北京至山海关铁路沿线的驻兵权，进一步强化了对清政府的政治和军事控制。清政府彻底沦为帝国主义控制中国的工具，中国则完全沦为半殖民地半封建社会。

三、“门户开放”政策的提出与实施

美国作为资本主义国家的后起之秀，在列强掀起瓜分中国狂潮的时候，其正忙于美西战争。美西战争结束后，欧洲列强及日本已在中国划分了各自的势力范围。美国虽然拥有强大的经济实力，但是军事实力尚难以与英、法等国抗衡。这使得美国陷入了既不愿意放弃中国的巨大潜在利益，又无力改变列强势力范围的尴尬境地。为此，美国根据自身在华利益需求提出了“门户开放”政策。

1899年9月，美国国务卿海约翰先后向英、德、俄、日、意、法等国发出照会，要求各国对他国在中国所取得的任何势力范围、租借地、通商口岸和既得利益不加干涉；对运往自己势力范围各口岸的他国货物，均由中国政府按照中国现行税率征税；对进入自己势力范围内各口岸的他国船舶，不得征收高于本国船舶的港口税；对他国使用自己所修或所经营控制的铁路运输货物，不得征收高于本国商品的铁路运费。

美国发出的第一次“门户开放”照会并没有得到列强的积极回应。英国表示必须将九龙排除在这一政策之外。法国只同意在租借地实行门户开放，对云南、广西等势力范围则避而不谈，坚决维护其通过《中法商约》在这些地区取得的通商减税特权。俄国采取迂回策略，避开门户开放原则与自身利益相悖的规定，一方面表示将大连开辟为自由港，在该港之内平等课税；另一方面声明中国政府可以在俄国租借地之外的港口自行征税，俄国不会要求特权，实际上拒绝了美国的提议。日本和德国均表示必须以各国的同意为前提，才能接受“门户开放”的原则。只有在中国尚未取得租借地和势力范围的意大利完全接受了美国的照会。为了给自己圆场，海约翰对外声称，他收到的各国的答复是“确定的”。

义和团运动爆发后，美国担心列强利用镇压义和团的机会把各自的势力范围变为殖民地，排斥美国的在华利益。1900年7月，美国再次向列强发出照会，重申“门户开放”的政策，并提出要“保持中国领土和行政的实体，维持一切以条约和国际法所保证的友好国家的权利”。当然，美国并不是要帮助中国维护领土和主权完整，其真正的意图是防止列强进一步瓜分中国，促使各国对美国开放其租借地和势力范围，使美国能够得到均等的贸易机会。“门户开放”政策的出台，标志着美国在亚洲的政策由跟在英国身后“分取杯羹”转变为“独立自主”地扩张在华利益。

列强虽均未对美国第二次的“门户开放”照会表示公开的反对，但并不甘心就此向其他国家完全开放自己的势力范围。其中俄国一直视中国东北为自己的势力范围，丝毫不容他国染指。俄国企图独占中国东北的行为不仅引起了美国的不满，更是直接影响到日本的利益，日俄矛盾日益激化。1904年2月，日本不宣而战，突袭了驻扎在旅顺口的俄军舰队，日俄战争爆发。美国希望通过日本来遏制俄国在中国东北的势力，使两国互相牵制，从而让“门户开放”政策在远东得以顺利推行，因此在战争中暗中支持日本。1905年5月，日本在对马海战中取得决定性胜利。9月5日，在美国的斡旋下，日俄签订《朴茨茅斯和约》。日本由此继承了俄国在辽东半岛的权益，并获得了中东铁路“南满”支线的控制权。除此之外，日本还得到了北纬50度线以南部分的库页岛。然而，日本获胜后不仅没有按照美国的设想在“南满”实施门户开放，反而将旅大租借地改为关东州，设置都督府，成立“南满”铁路股份公司并部署军队，企图从政治、经济、军事等各个层面将这一地区据为己有。

对此，美国采取多种措施试图阻止日本独霸“南满”，先是由铁路大王哈里曼出面发起收购远东铁路的环球铁路计划，受挫后又另辟蹊径，通过退还庚子赔款来拉拢清政府，鼓动其贷款开发东三省、修筑新法铁路，抵制日本的扩张。不过，美国的这些计划均因日本从中作梗而失败。最终美国不得不放弃“门户开放”的部分原则，承认日本在中国东北地区的既得利益，谋求与日本达成妥协。1908年10月，美国与日本签署《罗脱-高平协定》，约定两国尊重各自在太平洋属地的现状，维护中国的独立与完整以及“门户开放”原则。协定签署后，日本获取了美国对其在东北特殊利益的承认，但却并未真正履行“门户开放”的义务。

1909年，威廉·塔夫脱就任总统后提出并大力推行“金元外交”政策。他对美国过去长期姑息日本的做法十分不满，主张在远东与日本展开争夺，利用美国的资本优势来打开中国东北的大门。与此同时，清政府正在寻求美国资本的支持，以在东北修建一条与“南满”铁路和中东铁路基本平行的锦（州）瑷（珲）铁路来抗衡日俄。双方一拍即合，迅速签订了《锦瑷铁路借款草合同》。在此基础上，美国进一步提出了意在使“中国东北铁路中立化”的诺克斯计划。在这一计划中，国务卿诺克斯提出了两步走的方案：第一，由美、英等国共同贷款给清政府，帮助其赎回东三省所有铁路，置于国际共管之下，以使日、俄各自放弃“南满”铁路和中东铁路；第二，如果日本不肯放弃“南满”铁路，就着手修建与“南满”铁路平行的锦瑷铁路，并逐步扩大东北铁路“中立化”的范围，以此对抗日本。该计划甫一提出，便遭到了日俄两国的强烈反对。英、法因为与日、俄之间有着重重利益勾连，也拒绝支持这一计划。诺克斯计划随之胎死腹中。

清政府仍然寄希望于与美国联合，以共同抗衡日俄在东北的势力。1910年10月，清政府正式向美国寻求帮助，希望美国财团能够提供5 000万美元贷款，以支持其在东三省实施币制改革和兴办实业。然而，美国鉴于此前数次挑战日本失败的教训，不愿单独承担风险，遂邀请英、法、德三国加入，成立四国银行团，共同对清政府贷款。1911年4月，四国银行团与清政府签订《币制实业借款合同》，贷款1 000万镑（合银8 000万两）帮助清政府改革币制和发展东三省实业。其后不久，辛亥革命推翻了清王朝的统治，该借款也随之被废除。

第一次世界大战爆发后，列强无暇东顾，日本趁机加快了在中国扩张的步伐，向袁世凯政府提出了臭名昭著的“二十一条”。美国虽然对日本企图独占中国的举动忧心忡忡，但为了确保关岛和菲律宾的安全，还是选择了向日本妥协。1917年11月，美日两国签订了《兰辛-石井协定》，美国承认日本在中国拥有特殊权益，以换取日本对“门户开放”原则名义上的支持。1919年，在讨论战后世界安排的巴黎和会上，美国再次容忍将德国在山东的权利转让给日本，美国在与日本的较量中仍未占上风。直到1922年华盛顿会议召开，与会各国签署了《九国公约》，“门户开放”原则才为列强普遍承认和接受。

四、国内学术界关于“门户开放”政策的研究

国内学术界对“门户开放”政策的研究，按照切入点的不同，大致可以分为以下几类：

（一）“门户开放”政策的渊源

部分学者认为“门户开放”政策的出台是受到英国影响的结果。牛大勇的《英国与对华门户开放政策的缘起》认为，美国对华“门户开放”政策的缘起与英国密切相关。该政策是由英国在19世纪末最先向列强提出的，但是没有成功，因此就“转而向美国施加影响，促其出面争取各主要侵华国家承认‘门户开放’政策”。[①] 杨生茂主编的《美国外交政策史 1775—1989》在论及“门户开放”政策时也持相同观点，该书认为是英国事先建议美国在华实行“门户开放”，并且“在美国制定‘门户开放’政策过程中，有两位英国人发挥了重大作用。第一位是英国议会议员查尔斯·贝勒斯福德勋爵……第二位是贺璧理”。[②] 曾志的《英国与门户开放政策的提出》同样认为“门户开放”政策不是美国提出的，而是英国在19世纪末特定的历史条件下为保护其在华商业利益和贸易地位、协调列强在华冲突而形成的一种务实政策，是中英关系里由来已久的政策。该文进而认为，不论是英国提出还是

① 牛大勇：《英国与对华门户开放政策的缘起》，《历史研究》1990年第4期。
② 杨生茂主编《美国外交政策史 1775-1989》，人民出版社，1991，第220页。

美国宣布，“门户开放”政策贪婪的目的都是昭然若揭的。[①] 此外，李玉勤的《门户开放政策开端和起源研究观点述评》提出，“门户开放”政策肇始于19世纪中期的鸦片战争，是列强自鸦片战争后即开始实施的共同的对华政策，英国是“门户开放”的开端和起源国家。[②] 李书珍的《试论近代英国与“门户开放”政策的起源》通过分析“门户开放”政策中的经济原则和政治原则，认为该政策最初的构想来源于英国，《南京条约》中涉及的“一体均沾”的意义与后来“门户开放”政策中“利益均沾”的基本原则相符合。[③]

王玮主编的《美国对亚太政策的演变（1776—1995）》赞同“门户开放”政策是由美国提出的说法，书中提到两种观点：一种认为“门户开放”政策的思想源自美国国务卿西沃德，他最早提出在中国领土保持完整的情况下，如果西方国家在亚洲市场建立机会均等体制，美国会获得最大利益；另一种则主张蒲安臣提出的“合作主义”（“不割让土地”和“贸易开放”）是美国“门户开放”政策的开端。[④] 王伟、魏改霞的《西沃德与美国亚太扩张政策——以东亚为例》持第一种观点，认为在美国从“门户开放”思想到“门户开放”政策最终形成的过程中，国务卿西沃德的历史作用不容忽视，美国“门户开放”政策是对西沃德“门户开放”思想的继承和发展。[⑤]金卫星的《“门户开放”政策与20世纪大国的博弈》认为“门户开放”政策是美国社会特殊的传统价值观念在外交政策上的反映，它既涉及美国与列强在远东争夺势力范围的问题，也触及日益一体化的资本主义世界市场多边自由开放规则的创建问题。这项政策含有非殖民化思想，并且超前适应了世界经济全球化发展的历史趋势，因而在很大程度上影响着20世纪世界主要大国之间的政治、经济博弈。[⑥] 向广宇、魏小飞的《从“门罗主义”到“门户开

---

① 曾志：《英国与门户开放政策的提出》，《社会科学战线》1993年第5期。

② 李玉勤：《门户开放政策开端和起源研究观点述评》，《史学集刊》2007年第6期。

③ 李书珍：《试论近代英国与“门户开放”政策的起源》，《才智》2017年第26期。

④ 王玮主编《美国对亚太政策的演变（1776-1995）》，山东人民出版社，1995，第79、82页。

⑤ 王伟、魏改霞：《西沃德与美国亚太扩张政策——以东亚为例》，《西南大学学报（社会科学版）》2018年第44卷第2期。

⑥ 金卫星：《“门户开放”政策与20世纪大国的博弈》，《苏州大学学报（哲学社会科学版）》2007年第6期。

放"——浅析19世纪美国对外政策的全球扩张性》将美国的"门户开放"政策追溯到门罗时期，认为"门罗主义"标志着美国对外政策由以单纯摆脱欧洲控制为重点转向开始重视扩大自身的影响，从此美国的对外政策就带有全球扩张性的色彩。①

还有部分学者从中国的视角来讨论"门户开放"政策的渊源。高志平的《简析美国对华门户开放政策渊源》认为，"门户开放"政策的出台反映了清政府的昏聩无能、日薄西山。这一政策绝不意味着复述美国传统的"最惠国政策"，也不是照搬英国的某些"门户开放"的要求，而是两者相结合的产物。它适应了新时期垄断资本的需要，是资本主义列强掠夺其他弱小民族的产物，属于殖民主义政策的范畴。② 杨天宏的《晚清"均势"外交与"门户开放"》认为甲午战争后，中国面临的民族危机日渐加深，外国因素成为不容忽视的重要存在。作为反制手段，清政府正式提出"门户开放"政策，并确定以"自开商埠"为运作形式，企图制衡已在中国沿海沿江划分势力范围的西方列强以及将侵略触角伸入中国东北的日、俄。在外来威胁日渐加深的情况下，清政府的做法虽包含有维护国家主权和利益的初衷，实际作用却适得其反。它使中国向外部世界的"开放"扭曲变形，很大程度上成了对付列强侵略的单纯外交手段，未能收到"门户开放"的预期效果。③

（二）"门户开放"政策的内容

汪熙的《略论中美关系史的几个问题》指出，"门户开放"政策主要有两方面的内容：一是承认列强在华势力范围，美国要求贸易机会均等；二是尊重中国的领土和主权完整。④ 这种观点在提出后就遭到了部分学者的质疑，争论的焦点主要在第二条内容。丁名楠和张振鹍在《中美关系史研究：

① 向广宇、魏小飞：《从"门罗主义"到"门户开放"——浅析19世纪美国对外政策的全球扩张性》，《遵义师范学院学报》2011年第13卷第5期。

② 高志平：《简析美国对华门户开放政策渊源》，《咸宁师专学报》2002年第4期。

③ 杨天宏：《晚清"均势"外交与"门户开放"》，《社会科学研究》2008年第6期。

④ 汪熙：《略论中美关系史的几个问题》，《世界历史》1979年第3期。

向前推进，还是向后倒退？——评〈略论中美关系史的几个问题〉》中强调门户开放政策的第二条内容应该是“保持中国的领土和行政完整”，而非“尊重中国的领土和主权完整”。[①] 向荣的《论“门户开放”政策》也持相同观点。[②]

董小川的《关于美国对华门户开放政策的几个问题》，以各个时期“门户开放”政策的国际环境为切入点，指出美国对华“门户开放”政策的针对性在不同时期有所变化：1899年9月到1900年7月，即第一、二次“门户开放”照会，是针对列强的；从1900年10月到1909年11月，即第三次“门户开放”照会和诺克斯计划发表以前，主要是针对俄国的；从1909年11月到1918年第一次世界大战结束，主要是针对日本的。[③] 彭菊华的《从“门户开放”照会到〈九国公约〉——1899—1922年美国对华“门户开放”政策研究》认为“机会均等”和“保全中国”是“门户开放”政策的两大基本原则。但在实施过程中，美国考虑问题的出发点始终是如何扩大美国在中国的政治经济利益，对于中国领土、行政是否完整美国并不关心。[④] 王雁的《美国门户开放政策对中日“二十一条”交涉的影响》提出，美国自1899年和1900年提出“门户开放”政策以来，一直把它作为对华政策的支柱，并逐渐为其他各国所认可。门户开放政策的核心内容是维护列强在华工商业机会均等和中国的领土与行政完整。[⑤] 作者的另外一篇文章《门户开放与特殊利益：日美对华政策的冲突与调和——以华盛顿会议上的“二十一条”问题为中心》指出，罗脱的“四点原则”和休斯的《在华门户开放案》共同构成了《九国公约》的核心内容，“门户开放”从此由一种政治原则上升为法律原则。[⑥] 作者的

① 丁名楠、张振鹍：《中美关系史研究：向前推进，还是向后倒退？——评〈略论中美关系史的几个问题〉》，《近代史研究》1979年第2期。

② 向荣：《论“门户开放政策”》，《世界历史》1980年第5期。

③ 董小川：《关于美国对华门户开放政策的几个问题》，《美国研究》1998年第4期。

④ 彭菊华：《从“门户开放”照会到〈九国公约〉—1899-1922年美国对华“门户开放”政策研究》，硕士学位论文，华中师范大学历史系，2009，第49-50页。

⑤ 王雁：《美国门户开放政策对中日“二十一条”交涉的影响》，《历史教学（高校版）》2007年第2期。

⑥ 王雁：《门户开放与特殊利益：日美对华政策的冲突与调和——以华盛顿会议上的“二十一条”问题为中心》，《理论学刊》2007年第8期。

博士学位论文《“山东问题”与美国的门户开放政策，1914—1922》认为，在华盛顿会议上，美国的“门户开放”政策被赋予新的更明确的解释，列强以条约形式重新认可。[①]

（三）“门户开放”政策的目的

王玮主编的《美国对亚太政策的演变（1776—1995）》认为“门户开放”政策仅仅体现了美国的利益，其直接目的是扩大美国在华的经济势力和提高美国在亚太地区的政治地位。[②] 资中筠、陶文钊主编的《架起理解的新桥梁——中美关系史研究回顾与展望》认为，美国提出“门户开放”政策的主要动机是获得在华商业利益。[③] 李庆余的《争取大国地位——门户开放照会新论》则认为“门户开放”政策的主要动机不是谋求商业利益，而是在列强瓜分中国的条件下，保持美国在华的大国地位。[④]

进入21世纪，国内学术界关于这一问题的研究更为深入。金卫星的《“门户开放”：20世纪上半叶美国扩张战略的历史轨迹》指出，“门户开放”政策立足于维也纳体系的国际均势格局，通过制衡、协调、仲裁来解决列强在远东的扩张矛盾，抢占了20世纪上半叶国际关系的制高点。“机会均等”原则从一开始就包含着消除列强冲突的危险、协调列强在华行动的均势外交因素，在20世纪上半叶它始终是美国“助日抑俄”“金元外交”“欧亚统筹”“区域遏制”的出发点和归宿。[⑤] 作者的另一篇文章《美国门户开放政策目标定位辨析》也指出，“门户开放”政策既是其自由资本主义商业扩张传统的归宿，又是帝国主义海外扩张战略的起点，其直接目标是保持美国

① 王雁：《“山东问题”与美国的门户开放政策，1914-1922》，博士学位论文，山东师范大学历史学系，2008，第99-121页。

② 王玮主编《美国对亚太政策的演变（1776-1995）》，山东人民出版社，1995，第135页。

③ 资中筠、陶文钊主编《架起理解的新桥梁——中美关系史研究回顾与展望》，安徽大学出版社，1997。

④ 李庆余：《争取大国地位——门户开放照会新论》，《南京大学学报（哲学·人文科学·社会科学版）》1999年第1期。

⑤ 金卫星：《“门户开放”：20世纪上半叶美国扩张战略的历史轨迹》，《苏州大学学报》2001年第3期。

在华既得权益免受列强势力范围的侵害，间接目标在于防止中国被肢解，避免远东国际形势失控，保持远东市场的完整和开放。[①] 王鹏的《1895 ~ 1905年的东亚：英俄竞争与美国》认为“门户开放”政策的真实目的只是用来保护和扩大美国的在华工商业利益，其实质仍然是强权国家以弱小国家的利益为代价来实现侵略扩张。美国的政策同其他列强的政策一样，是由自私的利益所支配的，而不是如其所说的那样是由利他主义所支配的。[②] 李会合的《一战前后美日在远东的争夺与中国的国际地位》认为，“门户开放”政策既是美国参与帝国主义国家侵略中国的特殊政策，又是协调列强在远东的关系、谋求对外扩张、争取远东国际事务主导权的外交政策。[③] 陈帅的《从门罗主义到门户开放——美国近代扩张政策的演变》认为，美国提出“机会均等”“利益均沾”的“门户开放”政策，真正目的是要保护中国的市场对其开放的完整性，最大限度地实现美国在中国的商业利益。“门户开放”为列强在远东地区的利益分配建立了一个非正式的国际约束机制，在一定程度上缓解了列强之间的矛盾，稳定了远东的局势，保证了美国在华商业利益的最大化。[④]

（四）“门户开放”政策的影响

国内关于“门户开放”政策影响的讨论主要围绕着对中、美两国的影响来论述。赵自坤的《“门户开放”：美国拯救中国的“神话”》认为，“门户开放”政策是美国外交政策中现实主义与理想主义相结合的产物，它的提出顺应了当时的国际政治形势，客观上有利于中国免于被瓜分的命运。同时，该文又进一步指出“门户开放”政策的客观作用是微乎其微的，但在美

① 金卫星：《美国门户开放政策目标定位辨析》，《江苏大学学报（社会科学版）》2003年第3期。

② 王鹏：《1895～1905年的东亚：英俄竞争与美国》，《晋阳学刊》2002年第2期。

③ 李会合：《一战前后美日在远东的争夺与中国的国际地位》，硕士学位论文，山西大学世界史系，2008，第38-39页。

④ 陈帅：《从门罗主义到门户开放——美国近代扩张政策的演变》，硕士学位论文，辽宁师范大学历史系，2010，第1页。

国人的意念中，却成了美国拯救中国的“神话”。事实上“门户开放”政策只是一项原则宣言，而不是美国政府的正式政策，美国既不打算，也没有力量强制推行。[①] 杨艳的《“门户开放”客观效应下的庚子赔款——中美关系百年恩怨之一》认为，美国的“门户开放”政策虽然出发点是插手中国事务，以求利益均沾分得一杯羹，但在客观上保持了中国的完整，在一定程度上牵制、阻遏了日俄英等列强企图深入内地，瓜分中国的企图。[②] 问昕、卢超的《东北亚政治格局与晚清外交政策的演变》认为，清政府最后确定的“联美英制俄日”政策是清政府外交政策趋于成熟的表现，这一政策的直接结果是避免了两次被瓜分的危机：第一次是在1899年列强掀起瓜分中国的狂潮中清政府通过“联美英”的外交策略，与美国的“门户开放”政策相呼应，避免了列强对中国瓜分的危机；第二次是1900年俄国趁义和团运动之机侵入中国东北，美国再提“门户开放”政策，直到1905年美英支持日本用战争手段打败俄国，粉碎了俄国吞并中国东北的企图，清政府此次长达5年之久的危机才得以解除。[③]

另一些学者从美国的角度分析了“门户开放”政策的影响。李庆余的《美国反帝民主派与“门户开放”——兼评新左派学者的观点》认为“门户开放”政策表面上是为了扩大对华贸易，实际上是美国参与在华国际竞争的帝国主义政策，奠定了20世纪美国外交的主旋律。[④] 何薇的《从神秘、疑虑到认知——“门户开放”前美国的中国市场观》提出，“门户开放”政策的制定鼓舞了主张对亚太地区扩大影响的美国各界人士，他们仿佛从洞开的大门看到了中国市场无比美好的前景，美国人滋长出一种对中国的浪漫式想

① 赵自坤：《“门户开放”：美国拯救中国的“神话”》，《法制与社会》2009年第31期。

② 杨艳：《“门户开放”客观效应下的庚子赔款——中美关系百年恩怨之一》，《今日中国论坛》2013年第12期。

③ 问昕、卢超：《东北亚政治格局与晚清外交政策的演变》，《石家庄学院学报》2017年第19卷第5期。

④ 李庆余：《美国反帝民主派与“门户开放”——兼评新左派学者的观点》，《南京大学学报（哲学·人文科学·社会科学版）》2001年第6期。

象，把它想象成美国商品、美国文化和美国民主的广阔潜在市场。[①] 孙建党的《浅论美国外交传统中的非殖民化思想》认为“门户开放”政策对于后来的美国外交有着深远的影响，它所提倡的“机会均等”“自由贸易”的观念，先是用于中国，而后加以广泛应用，成为以后美国贸易政策的基础。“门户开放”、贸易机会均等与反殖民主义、民族自决等观念的结合，使美国的商业利益和外交政策的立场联系起来。[②] 荣卉的《美国对华政策的调整与美蒋合流（1900—1928）》认为美国对华“门户开放”政策的提出标志着美国对华政策由追随英国的政策变为奉行独立的大国政策，充分反映了美国欲在远东政治舞台上争夺领导地位，并在远东开辟霸业的意图。[③] 范大美的《美国门户开放政策在中国东北的推行（1900—1910）》认为“门户开放”政策的提出表明美国已有在远东太平洋地区争霸的野心，是美国崛起后争霸世界的表现，同时也标志着美国在远东太平洋地区开始确立有特色的稳定的外交政策。[④] 杨丽萍的硕士学位论文《“门户开放”与太平洋经济圈的初步构建》提出，在“门户开放”的旗帜下，美国的经济势力很快侵入中国市场。无论是商品贸易还是资本投资，美国在20世纪上半叶的中国市场都拥有重要地位，由此也建立了中美之间较为密切的经济联系，这标志着太平洋经济圈的初步构建。[⑤]

（五）“门户开放”政策的评价

国内学术界关于“门户开放”政策的评价问题，大体上存在两种态度：一种是承认“门户开放”政策在客观上所起到的延缓帝国主义对中国侵略的

① 何薇：《从神秘、疑虑到认知——“门户开放”前美国的中国市场观》，《西南民族大学学报（人文社科版）》2003年第6期。

② 孙建党：《浅论美国外交传统中的非殖民化思想》，《历史教学》2003年第11期。

③ 荣卉：《美国对华政策的调整与美蒋合流（1900—1928）》，硕士学位论文，山东师范大学历史学系，2007，第6-11页。

④ 范大美：《美国门户开放政策在中国东北的推行（1900—1910）》，《淮南师范学院学报》2009年第11卷第4期。

⑤ 杨丽萍：《“门户开放”与太平洋经济圈的初步构建》，硕士学位论文，江西师范大学历史系，2009，第10-17页。

作用；另一种则是持相反观点，认为“门户开放”政策是美国进行侵略和扩张的手段，否定其在历史上所起到的“积极”作用。

汪熙的《略论中美关系史的几个问题》认为美国“门户开放”政策中提到的尊重中国主权和领土完整，在客观上起到抑制和延缓帝国主义侵略的作用。[①] 罗荣渠的《关于中美关系史和美国史研究中的一些问题》也持相似观点，该文认为“门户开放”政策尽管是基于美国利益而出台的，但是不能简单地否定它在中国的国际政治中起到的微妙作用。具体而言，一是“门户开放”政策在华盛顿会议上成功拆散了英日同盟，暂时抑制了日本独占中国的企图；二是“门户开放”政策在太平洋战争中起到了促成中美结成反法西斯联盟的作用，从而有利于中国的抗日战争。[②] 王玮主编的《美国对亚太政策的演变（1776—1995）》认为“门户开放”政策是美国在19世纪与20世纪之交实行的一种新型殖民主义政策。这种政策以自由贸易为核心，与老殖民主义体系相比，更加符合当时的历史发展进程，这是在揭示其侵略扩张性和民族利己性时不能忽视的。[③]

对于“门户开放”政策持否定态度的研究成果，则更加强调其侵略扩张性。丁名楠、张振鹍的《中美关系史研究：向前推进，还是向后倒退？——评〈略论中美关系史的几个问题〉》，通过分析“门户开放”政策提出的国际形势和中国经历的历次民族危机中美国的反应，指出“门户开放”政策的目的只是加大对中国的控制和剥削。[④]杨生茂主编的《美国外交政策史　1775—1989》认为“门户开放”政策是美国进行海外扩张的产物，目的在于更有力地在中国扩张经济和政治实力，而非保持中国的领土和行政完整。[⑤]王绳祖主编的《国际关系史（第三卷）》进一步指出“门户开放”政策并不是为了反对列强侵略中

① 汪熙：《略论中美关系史的几个问题》，《世界历史》1979年第3期。

② 罗荣渠：《关于中美关系史和美国史研究中的一些问题》，《历史研究》1980年第3期。

③ 王玮主编《美国对亚太政策的演变（1776—1995）》，山东人民出版社，1995，第116-176页。

④ 丁名楠、张振鹍：《中美关系史研究：向前推进，还是向后倒退？——评〈略论中美关系史的几个问题〉》，《近代史研究》1979年第2期。

⑤ 杨生茂主编《美国外交政策史　1775-1989》，人民出版社，1991，第227页。

国，而是以承认列强在华势力范围和既得利益为前提为美国求取贸易均等的机会；美国单方面提出这项对华政策而未同中国政府商量，是对中国主权的粗暴干涉。[①]此外，郑华的《实用主义哲学与美国对华“门户开放”政策》也认为“门户开放”政策是帝国主义政策，旨在扩大美国对中国的剥削，并不是为了维护中国的主权。[②]王彦有的《浅析清末美日两国在华合作关系》则指出美国提出的“门户开放”政策没有实际占领中国领土，但美国是使中国丧失主权和领土完整的帮凶。[③]

（六）比较研究

吴兵的《门户开放政策与大陆政策的异同及妥协与冲突——19世纪末至太平洋战争爆发前美日东亚政策的比较分析》认为，美国的“门户开放”政策与日本的大陆政策差异很大甚至是截然相对的政策：美国奉行的原则是门户开放、机会均等，政策目标是整个亚洲乃至整个世界；而日本大陆政策的原则被美国称之为“势力范围主义”或“亚洲门罗主义”，目标始终是争当“亚洲选手”，然后与西方文明对抗。[④]乔兆红的《从“门户开放”到中国加入WTO》认为，美国的“门户开放”政策使中国恢复到几个帝国主义国家共同支配的局面，中国加入WTO与百年前的“门户开放”政策有着本质区别。“门户开放”是帝国主义列强侵略中国、破坏中国主权与独立的反动政策；中国加入世界贸易组织是顺应世界经济的发展潮流，对世界经济全球化和中国经济的发展产生了重要影响。[⑤]张光灿的《“以夷制夷”外交和“门户开放”政策——兼论现代中美关系》经过比较分析后提出，清政府的“以夷制夷”外交与美国的“门户开放”政策从根本不同的立场出发，达到了一个共

---

① 王绳祖主编《国际关系史（第三卷）》，世界知识出版社，1995，第251页。

② 郑华：《实用主义哲学与美国对华“门户开放”政策》，《河北师范大学学报（哲学社会科学版）》2005年第2期。

③ 王彦有：《浅析清末美日两国在华合作关系》，《大庆师范学院学报》2011年第31卷第4期。

④ 吴兵：《门户开放政策与大陆政策的异同及妥协与冲突——19世纪末至太平洋战争爆发前美日东亚政策的比较分析》，《日本问题研究》2006年第4期。

⑤ 乔兆红：《从“门户开放”到中国加入WTO》，《北京行政学院学报》2006年第5期。

同点：维护以慈禧太后为首的清政府，以保持中国的半殖民地化状态。但是，清政府的“以夷制夷”外交不是独立自主的外交，更不是利用帝国主义之间的矛盾为我服务的外交，而是清政府统治者昧于时局，受帝国主义列强摆弄，在豺狼虎豹之间周旋的受宰割者的外交。这种外交的结局并没有达到“制夷”的目的，而是造成了“以夷制华”的结果。①

① 张光灿：《“以夷制夷”外交和“门户开放”政策——兼论现代中美关系》，《学术论坛》1987年第3期。

专题六

『十月革命』与国际格局的变化

1917年，俄国爆发了“十月革命”，由此诞生了世界上第一个无产阶级政权，打破了资本主义一统天下的局面。苏维埃政权建立之初就颁布了《和平法令》，呼吁参战各国止战议和，并迅速退出了第一次世界大战。这不仅改变了协约国与同盟国的力量对比，而且引发了资本主义各国对共产主义的恐慌。为了将新生的苏维埃政权扼杀在摇篮里，英、法、美、日等国分别从东西两线对苏俄实施武装干涉，美国还提出了“十四点计划”，企图按照自己的构想肢解俄国，主宰世界。

一、“十月革命”

第一次世界大战中，俄国征兵1 500万，约占全国男性劳动力的一半。尽管投入了大量兵力，但俄军在前线的作战却节节败退，接连丧失了在波兰、立陶宛的大片土地，伤亡人数多达几百万，国内经济也濒临崩溃的边缘，国家债务从1913年的88亿卢布上升到1917年的500亿卢布。同时，战争也使俄国政局动荡，战争开始后的三年时间内更换了四位帝国大臣会议主席。内外交困的形势引起了广大劳动群众的严重不满，最终演变成势不可挡的革命风暴。1917年初，彼得格勒、莫斯科等地陆续出现了集会抗议和罢工。3月8日（俄历2月23日），“二月革命”的风潮迅速波及全国，沙皇尼古拉二世在3月15日被迫退位。俄国出现了资产阶级临时政府与工兵代表苏维埃两个政权并存的局面。1917年4月，列宁秘密回到彼得格勒，布尔什维克党开始组织发动武装起义。11月7日（俄历10月25日），在以列宁为首的布尔什维克党的领导下，起义武装力量控制了彼得格勒，发布《告工人、士兵和农民书》，宣告临时政府已经被推翻。第二天，在全俄苏维埃第二次代表大会上，批准了苏维埃政府的成立，世界上第一个无产阶级国家自此诞生。“十月革命”的胜利开辟了世界历史的新纪元，国际上也随之增加了“社会主义国家”这一新元素。

11月8日全俄苏维埃第二次代表大会还通过了列宁起草的《和平法令》，

这是新生的苏维埃政权在对外政策方面颁布的第一个纲领性文件。《和平法令》提出，苏维埃政府愿意向一切交战国政府和人民缔结公正的、民主的、不割地、不赔款的和约，公布并无条件地废除沙皇政府和临时政府签订的一切掠夺性秘密和约、协定，废除秘密外交，在全体人民面前公开地进行一切谈判。《和平法令》是苏俄希望退出世界大战的宣言，揭露了帝国主义列强为瓜分弱小民族而进行掠夺性战争的罪行，提出强大民族和弱小民族一律平等的原则，宣布苏维埃国家将为实现和平而努力。

苏俄退出第一次世界大战，对战争的走向产生了至关重要的影响。截至1917年底，俄国仍牵制着德军31%的兵力。俄国退出战争，将使协约国在西线的作战压力剧增。因此，苏俄颁布的《和平法令》与提出的和平谈判建议遭到了协约国集团的拒绝，而德奥集团为减轻东西两线作战的压力，表示愿意与苏俄进行和谈。1917年12月，苏俄与德奥集团在布列斯特-里托夫斯克举行停战谈判。德国依靠在对俄战场上的优势，拒绝了苏俄的不割地、不赔款建议，提出诸多不平等的要求。列宁考虑到苏维埃政权刚刚建立，主张以退为进，接受德国提出的停战条件。1918年3月3日，苏俄与德奥集团签订了《布列斯特-里托夫斯克和约》（以下称《布列斯特和约》）。3月14日，全俄苏维埃第四次代表大会正式批准了该条约。根据《布列斯特和约》，苏俄放弃波兰、立陶宛、白俄罗斯和拉脱维亚部分地区的管辖和主权，承认乌克兰、芬兰独立，立即从芬兰、乌克兰和爱沙尼亚撤军，割让卡尔斯、巴统和阿尔达汉地区给土耳其。1918年8月27日，双方签订的补充条款中要求苏俄向德国赔款60亿马克。苏俄虽然在《布列斯特和约》中做出了重大让步，但顺利地退出了第一次世界大战，为新生的苏维埃政权赢得了难得的喘息机会。德国战败后，苏俄即单方面废除了该条约。

二、协约国武装干涉苏俄革命

《布列斯特和约》签订后，苏俄退出了第一次世界大战，德奥集团得以从东线腾出手来，将主力部队转移至西线，对英法联军发动了“春季攻势”，致使协约国一度损失惨重。不仅如此，苏俄通过《和平法令》《告俄国和东方全体穆斯林劳动人民书》《关于公布秘密外交文件的声明》《被剥削劳动人民权利宣言》等提出的新思想、新主张，引发了资本主义各国对共产主义在世界蔓延的恐慌，也加深了协约国对苏维埃政权的敌对情绪。在苏俄政府批准《布列斯特和约》的当天，英、法、意三国首脑和外长即在伦敦召开紧急会议，会议上通过了武装干涉苏俄的决议。

英、法是武装干涉苏俄的倡导者和推动者。英、法之所以如此敌视苏俄政权，主要原因有以下几点：一是意识形态对立。苏俄提出的废除密约、实现不割地不赔款的和平、民族自决等主张，极大地鼓舞了殖民地半殖民地人民的革命斗争。而英、法在世界各地拥有众多的殖民地，其中英国是当时世界上最大的殖民帝国，以苏俄为策源地的世界革命运动直接威胁到了英、法的殖民统治。同时，苏俄政权提出的废除土地私有制，对工厂、矿山、银行、铁路、森林等实行国有化等政策措施，与资本主义制度格格不入，也是英、法等帝国主义国家难以容忍的。二是利益驱使。“十月革命”前，沙俄政府和临时政府所欠外债高达160亿卢布，其中长期债务超过70亿卢布。英、法是俄国的主要债权国，仅英国的贷款就高达6亿英镑。为彻底摆脱外国资本的控制和盘剥，苏俄政府宣布“废除沙皇、地主和资产阶级政府订借的一切债务”，这对英、法来说无疑是不可容忍的。三是战争的需要。苏俄退出了帝国主义战争后，德奥联军得到了喘息的机会，开始把部署在东线的兵力大量调往西线。1918年3—7月，德军集合东西两线的兵力对英法联军发动5次大规模的攻势。在5月底发动的第三次攻势中，德军成功突破法军的防线，一直进逼到巴黎的近郊地区。尽管英法联军得到了美军的及时援助，但仍然损失惨重。为此，英、法急切希望通过武装干涉，迫使俄国再次投入战争，重建东线战场，缓解西线战场的压力。另外，英、法还担心苏俄与德国勾连在一起，甚至被德国控制。当时，在俄国境内储存着大批军用物资，一旦苏俄红军夺取这些物资并将其转交给德国人，对协约国来说将带来灾难性后果。

对于英法主张联合干涉苏俄的提议，美国最初并不赞同。1918年1月8日，威尔逊总统在国会发表著名的“十四点计划”，希望按照自己的设想肢解俄国，重构世界格局。

（1）公开的和平条约，必须公开缔结，缔结后不得有任何种类的秘密的国际谅解，而外交也必须始终坦率进行。

（2）领海以外，无论平时或战时，必须保持公海航行的绝对自由。只有执行国际条约时，才能以国际行动全部封锁或部分封锁公海。

（3）在一切赞成和平和参加维护和平的国家当中，要尽可能地消除一切经济壁垒，建立平等的贸易条件。

（4）充分互相保证，各国军备必须裁减至符合维持国内安全的最低限度。

（5）对所有关于殖民地的要求做出自由的、坦率的和绝对公平的调整。此项调整的基础，就是要严格遵守这样一个原则，即在决定所有这样的主权问题时，有关居民的利益必须与管治权待决的政府的合理要求受到同等重视。

（6）必须从俄国的全部领土上撤出外国军队。在解决有关俄国的一切问题时，世界上的其他国家必须保证最良好的和最自由的合作，使俄国能够得到一个无阻碍的和顺利的机会来独立决定它自己的政治发展和国家政策，保证它在自己选择的制度下进入自由国家的社会时受到诚挚的欢迎；它不仅会受到欢迎，还可以获得它所需要的和渴望取得的各种援助。在未来的日子里，各姊妹国家对俄国的待遇，将严峻地考验它们是否抱着良好的意愿，是否理解俄国那些与它们本身利益有所区别的需要，是否具有理智的和无私的同情。

（7）全世界都会同意，必须从比利时撤军，比利时的领土必须恢复，比利时享有与其他一切自由国家相同的主权，不得加以任何限制。要想恢复各国对于它们自己曾经制定并决心用来处理相互关系的那些法律的信任，再没有其他任何行动可以比这一行动更为有效的了。若无此项表示和好的行动，国际法的整个体系与效力，将永远受到损害。

（8）必须解放全部法国领土，被侵占的那部分领土必须归还法国。1871年普鲁士在阿尔萨斯-洛林问题上对法国的侵犯曾扰乱世界和平长达50年之久，现在为了再次保证有利于全世界的和平，必须予以纠正。

（9）意大利边界的重新调整，必须按照显然可识的民族界线来实现。

（10）对于我们希望保障其国际地位的奥匈帝国治下的各民族，必须给予最自由的机会，使之获得自治的发展。

（11）必须从罗马尼亚、塞尔维亚和门的内哥罗撤退军队；被占领的领土必须归还；塞尔维亚应获得自由而安全的出海口；巴尔干各国之间的相互关系应以历史上建立起来的政治归属和民族界限为准则，通过友好的协商来决定；对巴尔干各国的政治和经济的独立与领土的完整，亦应予以国际保证。

（12）对目前奥斯曼帝国的土耳其部分，必须保证它有稳固的主权，但是对现在受土耳其统治的其他民族，则必须保证他们生活的真正安全和在自治的基础上绝对不受干扰的发展机会。达达尼尔海峡必须在国际保证下作为对所有国家商业船只的自由通道，永远开放。

（13）必须成立一个独立的波兰国。它必须包括无可争议的由波兰人所居住的领土，它必须获得一个自由稳固的出海口。它的政治和经济独立以及领土完整必须由国际条约来保证。

（14）为了大小国家都能相互保证政治独立和领土完整，必须成立一个具有特定盟约的普遍性的国际联盟。

“十四点计划”表面上标榜公开外交、民族自决，但针对俄国的内容实际上却是一个肢解俄国的方案，即通过承认波兰、芬兰等国独立的方式，将俄国分裂成多个不同的民族国家；通过支持高尔察克、邓尼金等白俄势力建立临时政府，以间接的方式从俄国内部颠覆苏维埃政权。威尔逊希望不发动直接的武装干涉，即能使俄国陷入四分五裂之中。然而，“十四点计划”提出后并没有收到预期的效果，不仅英、法等协约国盟友反应冷淡，而且俄国的局势也没有朝威尔逊期望的方向发展。苏维埃政权非但没有被颠覆，反而迅速稳定了国内局势，并与德国签订了《布列斯特和约》。德国随之发动了大规模的春季攻势。英、法等盟友再次要求美国同意对苏俄进行武装干涉，以重建东线，缓解德军对西线的军事压力，否则将“委托”日本单独出兵干涉。而日本早已向符拉迪沃斯托克（海参崴）派遣了两艘军舰，对大规模出兵干涉苏俄一直跃跃欲试。考虑到日本可能利用干涉苏俄的机会控制西伯利亚铁路，侵占滨海省乃至整个西伯利亚，并借助英日同盟把美国完全排斥在远东利益之外，威尔逊政府不得不做出让步，同意参加协约国的联合干涉。

1918年5月24日，美军“奥林匹亚”号军舰驶抵摩尔曼斯克，迈出了美国武装干涉苏俄的第一步。3月6日，英军已在摩尔曼斯克港登陆，日本也在4月4日以保护侨民为由派遣海军陆战队登陆符拉迪沃斯托克。7月初，进入俄国北部地区的外国干涉军已达8 000多人。8月2日，日本在没有通知美国的情况下发表出兵宣言，开始大规模向俄国远东地区进兵。8月3日，美国紧随日本之后也发表了出兵宣言，全面展开对苏俄的武装干涉和远东霸权的角逐。以日、美为首的协约国干涉军在符拉迪沃斯托克（海参崴）设立大本营，向贝加尔湖和哈巴罗夫斯克方向进军。与此同时，英国占领了高加索和巴库。

1918年11月11日，德国正式投降后，协约国内部在武装干涉苏俄问题上的分歧和矛盾日益突出。11月30日，英国宣称，英军将会在摩尔曼斯克和巴库一带继续驻守，而对其他地区的干涉行动只能给予物质支援。在1919年1月召开的巴黎和会中，美国首先抛出了“王子岛计划”，建议由协约国出面邀请当时俄国的所有派别举行集体会晤，以协调各方观点，实现和平，最终解决“俄国问题”。该计划遭到了英、法等国的极力反对，除苏俄和爱沙尼亚以外，俄国其他各方也都拒绝接受邀请。“王子岛计划”流产以后，美国又相继提出了“布利特使团计划”和“南森援助计划”，但由于协约国内部意见难以统一，都没有付诸实施。

在此期间，协约国对苏俄发动了第一次武装干涉，同时支持高尔察克白卫军和尤登尼奇白卫军分别进攻乌拉尔地区和彼得格勒。由于受到苏俄红军顽强反击，此次干涉以失败而告终。1919年9月，协约国通过武装邓尼金白卫军和尤登尼奇白卫军对苏俄发动了第二次武装干涉。苏俄红军经过半年多时间的艰苦作战，不仅击溃了邓尼金所部，解放了乌克兰和高加索，而且打败了尤登尼奇白卫军，解放了北方重要军事港口摩尔曼斯克，粉碎了协约国第二次的武装干涉。1920年4月，协约国策动波兰军队以及克里米亚的弗兰格尔白卫军，对苏俄发动第三次武装干涉。6月，苏俄红军击败波兰军队并一路向华沙反攻。10月，双方达成停战协定。11月，红军挺进克里米亚，消灭了弗兰格尔白卫军。在远东地区，11月15日，苏俄红军攻入鄂木斯克，高尔察克政权垮台。英国认为协约国组织的武装干涉不仅代价高昂，而且没有达到预期目的，再继续下去也毫无意义。12月15日，英国内阁会议提出，应该放弃直接干涉，转而通过外交孤立、经济封锁、军事围堵把苏俄"隔离"在资本主义世界之外。这种英式版本的"遏制"政策得到了意大利和法国的支持。1920年1月美国宣布撤军以后，意、英、法也相继将本国军队从西伯利亚撤回。

美、英等国决定撤军以后，日本非但没有随之撤军，反而计划在东西伯利亚的重要城市长期驻军，以实现在这一地区建立殖民统治的目的。1920年4月1日，最后一批美军撤离符拉迪沃斯托克以后，日军立即乘虚而入，占领了美军原来的防区和符拉迪沃斯托克的其他要地。为避免和日本直接发生冲突，4月6日，苏俄在贝加尔湖以东地区建立了一个缓冲国——远东共和国，以之与日本交涉，牵制日军在西伯利亚的侵略活动。7月16日，日本与远东共和国达成初步协议，在远东共和国不采用共产主义制度、不允许苏俄军队进驻或通过、保障境内日本人的各项权利等前提下，日本同意以和平的方式解决两国之间的纠纷。8月20日、12月12日，日军相继从外贝加尔地区和哈巴罗夫斯克撤离。至1920年底，日军的控制区域已收缩到符拉迪沃斯托克周围和北萨哈林。1922年6月24日，日本正式宣布从苏俄撤军。10月，远东共和国人民革命军进驻符拉迪沃斯托克，标志着协约国武装干涉的彻底失败。

三、国际格局的变化

“十月革命”使世界上出现了第一个社会主义国家，在国际关系中增添了新的成分和因素，打破了资本主义一统天下的局面，也使俄国与其他国家的关系发生了根本性变化。就英、法而言，两国与俄国在第一次世界大战中曾是协约国集团的核心成员，“十月革命”后分道扬镳，各自走上了不同的发展道路。不仅如此，英、法两国极力反对苏俄的各种政治主张以及与德奥集团停战议和的行为，并对新生的苏维埃政权实施经济封锁和长达三年的武装干涉。在英、法两国主导的巴黎和会上，苏俄也被排除在外。

在欧洲大国关系中，“十月革命”后俄德关系的变化可谓一波三折。一战期间，俄德曾是互为仇雠的交战对象。苏俄建立后，对外提出了停战议和的倡议，不顾协约国的反对，单独与以德国为首的同盟国签订了《布列斯特和约》。战后，德国作为战败国，受到战胜国集团的严厉制裁与剥削，苏俄作为新生的社会主义国家也遭到了协约国集团的排挤和孤立。相似的处境使两国的关系渐趋缓和，在1922年4月召开的热那亚会议上双方签订了《拉巴洛条约》，实现了关系正常化。该条约也打破了帝国主义国家对苏俄的孤立和封锁，有力地扩大了苏俄的国际影响力。

“十月革命”同样对俄美关系产生了深刻的影响。一战前，美俄关系相对比较疏远，除1832年签订《美俄航海与通商条约》和1867年阿拉斯加领土交易之外，两国之间几乎没有发生更为重大的外交事件。1913年威尔逊上台时，美俄贸易只占两国贸易总额的1%左右。在威尔逊执政的前几年中，美国驻俄大使馆内甚至没有到任的大使，及至戴维·R.弗朗西斯出任驻俄大使以后，美俄之间的外交沟通才逐渐顺畅起来。不过，直到沙皇统治的最后一年，俄美关系仍然乏善可陈。“十月革命”后，美国对俄国的关注度急剧上升，不仅在“十四点计划”中着重提出肢解俄国的方案，而且作为协约国出兵俄国北部和西伯利亚的主力之一，积极参与了对苏俄的武装干涉。干涉失败后，又接受了英国的提议，对苏俄实施了长达十多年的围堵遏制。直至

1933年，美国才正式承认苏联政府。

"十月革命"对东北亚国际格局的影响尤为深远：一是通过三次日俄协定和四次日俄密约建立起来的日俄战略同盟烟消云散，俄国由日本的盟友转变为日本的侵略对象；二是日俄美关系由日俄勾结共同排斥美国转为日美既有联合又有对抗，即日美基于共同利益联合出兵俄属远东，武装干涉苏俄革命，同时又为了各自的国家利益明争暗斗、激烈对抗；三是俄中关系由侵略与被侵略的关系转为平等的国家关系，鉴于苏俄政权坚持和平外交政策，中国得以部分摆脱沙俄时代不平等条约的约束；四是中日关系出现了新情况，日本加大了侵略中国的力度，试图攫取沙俄留下的侵略遗产，独吞原来分属于日俄两国势力范围的中国东北。

四、国内学术界关于"十月革命"的研究

国内学术界对于"十月革命"的研究按照关注重点不同，大致可分为如下几类：

（一）"十月革命"的概念界定

在已有的研究成果中，不少学者在使用"十月革命"这一概念时往往不加深究，只按照约定俗成的理解一笔带过，仅从狭义的内涵出发将"十月革命"界定为1917年11月7日（俄历10月25日）的彼得格勒武装起义。随着学术研究不断地规范和精确，学者们开始进一步探索"十月革命"的丰富内涵。一些研究成果认为，"十月革命"的定义应该进一步将苏维埃政权的建立和巩固包括进来。李兴的《论十月革命与世界体系问题》特别指出，"十月革命不是简单地具体指彼得格勒或莫斯科等地武装起义的几小时、几天甚至几个月……是与苏俄内战及苏联成立紧密相连的"。[①] 陈新明的《俄国十月革命与社会转型》也提出，"布尔什维克接管政权后，不得不进行长达三年的

① 李兴：《论十月革命与世界体系问题》，《俄罗斯中亚东欧研究》2007年第5期。

国内战争。这实际上是1917年十月革命的继续”。[①] 蒲国良的《关于俄国十月革命暴力性质的思考》认为，要理解“十月革命”，首先必须将俄国1917年的革命看成一个整体进程，“十月革命”不过是这一革命进程的最高潮。[②] 黄宗良的《十月革命是值得这样反复研究、大书特书的伟大革命》的观点与蒲国良的观点基本相同，认为应从广义上看待“十月革命”，“把‘二月革命’和‘十月革命’看成一个重大历史事件无法分开的阶段”，用“俄国1917年革命”的概念进行整体表述。[③]

此外，也有一些研究成果关注到俄罗斯对“十月革命”概念的重新定义及其对本国历史的再书写。其中，张盛发的《从“十月革命”到“俄国大革命”——俄罗斯修改十月革命名称和定义》，详细梳理了进入21世纪以来俄罗斯国内关于“十月革命”概念界定的演化过程，重点提到2017年俄罗斯十月革命纪念100周年组委会正式确定的新名称及定义，即俄国大革命是发生在前俄罗斯帝国领土上的一场社会政治革命，始于1917年3月专制政权的倒台，终于1922年联盟国家苏联的建立，其中包括“二月革命”“十月革命”和国内战争，并指出新名称缓和了俄罗斯国内左翼和右翼在“革命”和“政变”上的争论。[④]

（二）“十月革命”的进程

柳植的《十月革命与历史的选择性》在探讨“十月革命”成功的原因时，将这次革命的发生与当时的主客观条件联系起来，认为“十月革命”的成功得利于主观条件，是历史选择了列宁。[⑤] 俞良早的《十月革命的精神：政治变革的突进性和经济社会发展的渐进性》从政治和经济社会发展两条主

① 陈新明：《俄国十月革命与社会转型》，《湖南师范大学社会科学学报》2007年第5期。

② 蒲国良：《关于俄国十月革命暴力性质的思考》，《江汉论坛》2007年第9期。

③ 黄宗良：《十月革命是值得这样反复研究、大书特书的伟大革命》，《中国延安干部学院学报》2016年第9卷第5期。

④ 张盛发：《从“十月革命”到“俄国大革命”——俄罗斯修改十月革命名称和定义》，《俄罗斯学刊》2018年第8卷第6期。

⑤ 柳植：《十月革命与历史的选择性》，《历史研究》1988年第5期。

线阐述了“十月革命”的经过，认为“十月革命”中俄国的政治变革具有迅速、猛烈、勇往直前的性质；经济社会的发展则具有平缓、温和、逐步演进的性质。[①] 赵士国的《论十月革命的必然性与偶然性因素》通过分析“十月革命”进程中的必然性和偶然性因素，认为“十月革命”是俄国形势发展和阶级力量对比变化的必然结果，革命发生的时机、革命领导者的选择等则具有一定的偶然性。[②]

吴恩远的《论十月革命发动的内在逻辑性》认为，落后的社会经济、腐朽的沙皇专制制度以及资产阶级革命失败都是“十月革命”爆发的推动因素。[③] 赵世锋的《共济会：十月革命史被忽视的新形象》另辟蹊径，从双政权并存时期的共济会组织入手，指出乌鲁索夫、克伦斯基和齐赫泽等俄国政坛人物都在这一组织内，该组织倡导的“兄弟关系”和“相互帮助”的原则起到了弥合苏维埃政府和临时政府分歧的作用，进而延缓了革命的爆发。[④] 吴恩远的《十月革命与俄国现代化进程——兼评当前十月革命研究中的争论》将“十月革命”与俄国现代化历程相联系进行动态描述，认为“十月革命”是俄国社会内在矛盾发展的结果，并为俄罗斯通向社会现代化奠定了坚实基础。[⑤] 杨奎松的《十月革命前后列宁的社会主义主张与实践》通过对列宁的社会主义主张和实践的研究，认为列宁生前虽然没有能够成功地建成“社会主义社会”，但他对社会主义本质的理解和主张，却影响了以后几乎所有落后国家的共产党人。[⑥] 高放的《俄国十月革命与苏维埃》[⑦] 和蒲国良的《布尔什维克与十月革命》[⑧] 都试图以俄国内部政治因素为切入点，来阐释

① 俞良早：《十月革命的精神：政治变革的突进性和经济社会发展的渐进性》，《江汉论坛》2007年第9期。

② 赵士国：《论十月革命的必然性与偶然性因素》，《史学理论研究》2009年第3期。

③ 吴恩远：《论十月革命发动的内在逻辑性》，《江汉论坛》2007年第9期。

④ 赵世锋：《共济会：十月革命史被忽视的新形象》，《俄罗斯文艺》2007年第4期。

⑤ 吴恩远：《十月革命与俄国现代化进程——兼评当前十月革命研究中的争论》，《历史研究》2007年第5期。

⑥ 杨奎松：《十月革命前后列宁的社会主义主张与实践》，《俄罗斯研究》2013年第1期。

⑦ 高放：《俄国十月革命与苏维埃》，《当代世界与社会主义》2007年第4期。

⑧ 蒲国良：《布尔什维克与十月革命》，《当代世界与社会主义》2007年第4期。

“十月革命”的历史进程。

此外，还有一些研究成果通过探究历史细节，纠正了以前的不少错误认识。例如，过去普遍认为，“十月革命”的一声炮响是来自“阿芙乐尔”号巡洋舰，高放的《十月革命一声炮响，响自何方？——“阿芙乐尔”号按约定先放空炮》则对此观点进行了修正，指出炮火实际来源于彼得保罗要塞，而“阿芙乐尔”号其实放的是空炮。[①] 晓泽的《十月革命的炮声为何推迟了四十五分钟》进一步指出由于未能及时找到信号灯，起义的开炮时间也被推迟了45分钟。[②]

（三）“十月革命”的影响

对俄国自身的影响而言，陈新明的《俄国十月革命与社会转型》认为“十月革命”对俄国的发展进程和政治体制构建产生了深刻的影响。“十月革命”开启了俄国加快现代化建设、尽早实现从传统农业社会迈入现代工业社会的进程，苏维埃政权的建立和一系列体制调整是克服社会转型问题的历史探索。[③] 梁耿闻达、耿百峰的《论十月革命在俄国文明演进中的重大意义》认为“十月革命”在俄国文明演进的过程中发挥了重要作用，它不仅将俄国从深重的民族灾难中挽救出来，为俄国指明了一条与西方资本主义国家不同的发展道路，而且使俄国从农业文明迈进工业文明。[④] 李世安、宋玥的《俄国农民与十月革命》讨论了“十月革命”对于俄国农民产生的影响，该文认为苏维埃政权在“十月革命”时期的一系列政策符合农民的诉求，但在随后的政权巩固时期，以“余粮征集制”为代表的战时共产主义政策却过于粗暴强硬，对农村稳定造成了影响。列宁实行新经济政策后苏维埃政权才

① 高放：《十月革命一声炮响，响自何方？——“阿芙乐尔”号按约定先放空炮》，《百年潮》2008年第2期。
② 晓泽：《十月革命的炮声为何推迟了四十五分钟》，《文史月刊》2011年第1期。
③ 陈新明：《俄国十月革命与社会转型》，《湖南师范大学社会科学学报》2007年第5期。
④ 梁耿闻达、耿百峰：《论十月革命在俄国文明演进中的重大意义》，《天津市社会主义学院学报》2019年第3期。

重新获得了农民的支持。[①] 初祥的《十月革命与俄罗斯北方小民族的历史命运》分析了“十月革命”对俄国北方小民族的影响，该文认为新政权对北方小民族在经济、政治、教育和生活习惯等领域推行社会主义改造的行为，打断了这些民族的自然发展进程，改变了他们的命运。[②] 叶艳华的《十月革命后非布尔什维克党的策略转变》则探讨了“十月革命”对非布尔什维克党造成的影响，指出“十月革命”削弱了他们的力量，造成了包括孟什维克和社会革命党在内的社会主义政党的分裂，并且造成了左派革命党人对布尔什维克的武装反抗。[③]

对中国的影响而言，胡宇喆的《十月革命与马克思主义在知识分子中的传播》分析了中国知识分子对“十月革命”从迷惘到触动、从质疑到接受、从认同到信仰三个阶段的特征，认为“十月革命”是中国特色社会主义建设的思想源泉与精神引领，对中国知识分子具有启蒙、振奋和锻造的意义。[④] 信元的《五四时期陈独秀对俄国十月革命的认知过程》较为全面地阐述了五四运动时期陈独秀对“十月革命”的认知过程。文章指出，在巴黎和会和一战后社会主义浪潮的影响下，陈独秀转变为一个社会主义者，开始认识到“十月革命”的意义，并在维经斯基的帮助下彻底转变为马列主义者，从而开始积极宣传“十月革命”的意义。[⑤] 李永春、岳梅的《瞿秋白对十月革命的研究与宣传》通过对瞿秋白研究与宣传“十月革命”的历程进行考察，指出瞿秋白是近代中国知识分子中实地考察和报道俄国革命的第一人。他回国后又通过翻译俄国书籍和撰文宣传“十月革命”，向中国人民介绍马克思列宁主义的最新成果和俄国革命的道路，扩大了“十月革命”和马克思主义在

① 李世安、宋玥：《俄国农民与十月革命》，《烟台大学学报（哲学社会科学版）》2007年第4期。

② 初祥：《十月革命与俄罗斯北方小民族的历史命运》，《西伯利亚研究》2008年第2期。

③ 叶艳华：《十月革命后非布尔什维克党的策略转变》，《哈尔滨市委党校学报》2008年第6期。

④ 胡宇喆：《十月革命与马克思主义在知识分子中的传播》，《湖南工业职业技术学院学报》2019年第19卷第1期。

⑤ 信元：《五四时期陈独秀对俄国十月革命的认知过程》，《中国青年社会科学》2019年第38卷第5期。

中国的影响，启发了国人对于走俄国革命道路的思考，推动中国共产党根据“十月革命”的经验和方法去探索中国革命道路。[①] 郑异凡的《十月革命和中国之路》认为，中国的革命是在“十月革命”的直接影响和激励下进行的，但它要取得成就和胜利，又必须摆脱苏联和“十月革命”的影响，探索一条符合中国实际的、有中国特色的革命和建设道路。中国的革命和建设走了一条从“以俄为师”到“以苏为鉴”的曲折道路。[②] 沈志华的《“十月革命”与中国的发展道路——写在俄国革命爆发一百周年之际》分析了“十月革命”后俄国社会主义发展与苏联模式最终走向终结的历程，认为中国的革命和建设历程与“十月革命”和苏联社会主义模式虽然有着千丝万缕的联系，但中国革命走的并非“十月革命”的路径。[③] 梁作儒的《十月革命与中国新民主主义革命道路的选择》认为，“十月革命”与中国的新民主主义革命之间有深刻的逻辑联系，“十月革命”为中国共产党的成立奠定了思想基础，为中国社会的发展指明了前进方向，为新民主主义革命的具体实践提供了重要借鉴，从而在客观上为新民主主义革命道路的选择创造了主观条件、客观条件和实践保障。[④] 王潇的《十月革命与中国的互动关系研究》指出，“十月革命”给中国带来了新思想，使中国孕育了新政党。而在另外一方面，中国劳工和留学生也对“十月革命”做出了积极贡献。[⑤]

对其他国家的影响而言，徐拓的《十月革命对日本共产党的影响》指出，在革命道路上，“十月革命”的胜利为日本共产党的成立开辟了新路径；在建设道路上，“十月革命”为日共的发展奠定了基础；在改革道路上，“十月革命”为日共提供革新动力。[⑥] 刘雅贤的《十月革命对美国社会

① 李永春、岳梅：《瞿秋白对十月革命的研究与宣传》，《湘潭大学学报（哲学社会科学版）》2020年第44卷第1期。

② 郑异凡：《十月革命和中国之路》，《当代世界与社会主义》1997年第3期。

③ 沈志华：《“十月革命”与中国的发展道路——写在俄国革命爆发一百周年之际》，《探索与争鸣》2017年第12期。

④ 梁作儒：《十月革命与中国新民主主义革命道路的选择》，《南方论刊》2019年第8期。

⑤ 王潇：《十月革命与中国的互动关系研究》，《南方论刊》2020年第1期。

⑥ 徐拓：《十月革命对日本共产党的影响》，《文化学刊》2018年第8期。

主义运动的影响》通过分析“十月革命”后美国社会党的衰微和共产党的诞生过程，认为“十月革命”催生了美国的反共反社思潮和融社融共思潮，而这两种思潮至今仍对美国社会有一定影响，前者日益根深蒂固，后者也逐渐植入到资本主义发展的进程中。①

（四）“十月革命”的意义

堵晓东的《再论俄国十月革命的历史地位》指出“十月革命”宣告了一个代表人类前进方向的崭新社会制度的诞生，标志着人类进入从资本主义向社会主义过渡的历史新纪元，是世界现代史开端的标志，而且在国际共产主义运动史上占有重要地位。② 范玉传的《列宁与十月革命》认为“十月革命”是人类历史上一个划时代的事件，它的胜利开辟了人类由资本主义向社会主义、共产主义过渡的新时代。③ 张象的《对十月革命历史意义的再认识》也持相同看法：首先，“十月革命”的首创精神鼓舞了全世界被压迫人民和被压迫民族；其次，“十月革命”促进了西方工人运动与东方被压迫民族解放运动的联合；最后，“十月革命”促进了马列主义的传播。④

陈之骅的《十月革命的必然性和历史意义》认为，“十月革命”是社会主义由理论演化为实际的重要飞跃，社会主义在真正意义上由理论变为现实，从原来单纯的意识形态和社会运动具象化为社会制度和政治实体。⑤ 秦宣、郑丽平的《十月革命与社会主义现代化的历史经验》指出，“十月革命”探索了后发外源型现代化国家赶超发达国家的新模式。苏联的现代化建设成就显著，引领经济文化落后国家，尤其是东方国家纷纷通过社会主义走上现代化道路，社会主义从一国走向多国。⑥ 高放的《第一次社会主义革命

① 刘雅贤：《十月革命对美国社会主义运动的影响》，《长春大学学报》2018年第28卷第1期。
② 堵晓东：《再论俄国十月革命的历史地位》，《镇江师专学报（社会科学版）》1993年第2期。
③ 范玉传：《列宁与十月革命》，《马克思主义研究》1997年第6期。
④ 张象：《对十月革命历史意义的再认识》，《南开学报》1998年第5期。
⑤ 陈之骅：《十月革命的必然性和历史意义》，《史学理论研究》2007年第4期。
⑥ 秦宣、郑丽平：《十月革命与社会主义现代化的历史经验》，《江汉论坛》2007年第9期。

俄国十月革命一国首胜》认为，“十月革命”不仅推翻了俄国地主资产阶级的统治、建立了工农苏维埃国家政权，开创了俄国探索建设社会主义的新时期，而且还有重大的世界历史意义，表现为它为世界开创了不发达国家首先实现社会主义的新局面、不发达国家实现社会主义现代化的新模式、如何依据本国国情探索社会主义的新道路和如何把马克思主义、科学社会主义时代化、本土化、大众化的新范例。① 李景治的《牢记十月革命的历史贡献——兼谈实事求是地评价十月革命》认为，“十月革命”的重要意义是列宁对马克思主义理论的发展与创新。列宁将马克思主义理论同俄国具体实践相结合，并跟随实践发展进行理论创新，从而形成了列宁主义。②

李兴的《论十月革命与世界体系问题》认为，“十月革命”在使俄国脱离资本主义集团的同时，架起了联结西方无产阶级和东方民族解放运动的桥梁。虽然当时苏俄在欧洲国际体系中的地位下降了，但在全球的国际影响力却上升了。苏俄的存在是对凡尔赛-华盛顿体系的挑战，欧洲格局酝酿着重大的变化。国际政治中心出现了偏离传统西欧、向新兴的苏俄和北美转移的迹象。③ 余伟民的《十月革命与20世纪——关于俄国十月革命世界历史意义的再思考》指出，“十月革命”是解构早期资本主义体系的主要因素，同时也导致战后世界体系重组为分别环绕美国和苏联的双中心体系。“十月革命”不仅加速了民族解放运动的兴起和殖民体系的瓦解，而且为20世纪的冷战格局奠定了制度和意识形态的基础，是促成人类历史上全新对抗形式出现的主要因素。④

---

① 高放：《第一次社会主义革命俄国十月革命一国首胜》，《中国延安干部学院学报》2015年第8卷第6期。

② 李景治：《牢记十月革命的历史贡献——兼谈实事求是地评价十月革命》，《南京政治学院学报》2017年第33卷第1期。

③ 李兴：《论十月革命与世界体系问题》，《俄罗斯中亚东欧研究》2007年第5期。

④ 余伟民：《十月革命与20世纪——关于俄国十月革命世界历史意义的再思考》，《探索与争鸣》2008年第1期。

专题七

凡尔赛-华盛顿体系

第一次世界大战是人类文明进入工业文明后第一场全球范围内的战争，这场战争为人类文明带来了深重的灾难和影响。第一次世界大战后，国际格局发生了重大变化，英、法、德、俄、奥等传统的欧洲强国，或者力量遭到严重削弱，或者帝国解体，国际地位均出现了不同程度的下降，而美国、日本等非欧洲国家在国际事务中的话语权显著提高，成为列强中的“新贵”。新旧列强通过巴黎和会与华盛顿会议所构建的凡尔赛-华盛顿体系，并没有给世界带来持久的和平，勉强维持了二十年便彻底崩溃了。

一、凡尔赛体系

1919年1月18日，27个战胜国的代表聚集于法国巴黎凡尔赛宫，召开关于结束战争、安排世界新秩序的和平会议。然而，与会各大国对战后世界秩序都有自己的如意算盘。作为老牌的殖民帝国，英国固守传统的“均势”策略，反对肢解德国，以便制衡法国，避免其在欧洲大陆一家独大。作为德国的宿敌，法国最大的目标是阻止德国东山再起，以保证自身的绝对安全。同时，法国也希望能够恢复曾经的荣光，重建其在欧洲的霸权。大洋彼岸的美国则是野心勃勃，希望可以按照美国的国家利益来构建国际秩序，通过“十四点计划”提出了反对秘密外交、航海自由、民族自决和建立国际联盟等主张。日本更是打算攫取德国在中国山东的一切权益，并夺取俄国的势力范围及部分领土，称霸远东。

巴黎和会召开伊始，列强就在国际联盟问题上产生了巨大分歧。美国主张首先建立国联，并将之作为处理战后相关问题的中枢机构。美国希望借助国联掌握国际事务的主导权，拆散英日同盟和英法协约，按照美国的国家利益重构世界格局。法国虽然同意建立国际联盟，但认为应该在国联之下建立一支国际军队，由其实际控制，以遏制德国。英国则建议将国联作为一个国际咨询机构，重要国际问题交由世界主要大国“仲裁”，换而言之，就是以英国为主导来处理国际事务。经过各国多轮争论和修改，《国联盟约》草案最终在1919年4月28日的全体会议上得以通过。然而，由于美国参议院拒绝批准《国联盟约》，美国作为倡导者却并未加入国联，国联逐渐沦为英法操纵国际事务的工具。

关于德国的疆界问题，法国态度强硬，不仅要收回在普法战争中被德国割占的阿尔萨斯和洛林，还要德国割让曾经一度属于法国的萨尔南部，并提出把德国在莱茵河左岸的全部领土由法国接管，或成立一个“莱茵自治共和国”作为法德之间的缓冲国。但法国这些要求遭到了英美的强烈反对，英国认为这样会破坏欧洲的“均势”，而美国则认为割让德国的领土违反了民族自决的原则，威尔逊甚至以退出和会相威胁，表达自己的不满。在这种情况下，法国最后不得不接受英国提出的折中方案——《枫丹白露文件》，即莱茵河地区依然归德国所有，但要实行非军事化；阿尔萨斯-洛林归还法国；法国取得萨尔矿区15年的开采权，15年后由公民投票决定其归属；英美两国许诺帮助法国防御德国的侵略，以保证法国的安全。

在赔款问题上，战胜国将德国视为战争的罪魁祸首，要求德国承担巨额的赔款义务。法国向德国提出了数千亿金马克的天价赔偿，并要求得到全部赔款的58%。美国认为过于沉重的赔款负担将会导致德国经济崩溃，陷入债务越积越高的恶性循环之中。英国也认为法国的赔款要求不切实际，并且法国所占比例过高。各国协商未果，只好把问题交由赔偿委员会研究。

巴黎和会虽是处理战败国的分赃会议，但苏俄问题也引起了列强的重视。所谓苏俄问题，实质上是如何对付“十月革命”后的苏俄。早在一战结束之前，英、法、美、日等国就已联合对苏俄实施了武装干涉。和会期间，各国再次就这一问题进行了讨论，决定由反苏的东欧国家组成封锁线，从而把西欧与苏俄隔离开来，使之孤立于资本主义国家之外。

除了上述问题以外，列强还在中国山东问题上进行勾结。中国作为战胜国，本应毫无障碍地收回被战败国德国侵占的领土及各种权益。然而中国的正当要求却遭到日本的反对，日本还利用与袁世凯签订的“二十一条”以及与列强之间的密约，要求“继承”德国在中国山东攫取的一切权益。虽然中国代表以事实为依据驳斥了日本的无理要求，并向与会各大国一再强调山东是中国固有之领土，但列强却罔顾事实与日本达成了妥协，同意将德国在山东的权益转交给日本。

经过几个月的讨价还价后，1919年6月28日，德国在战胜国的胁迫下签署了苛刻的《协约和参战各国对德和约》，即《凡尔赛和约》。和约包括两个部分：一是国际联盟盟约，二是对德和约。在对德和约中，重新划定了德国的疆界。比利时获得德国的三个军事要地欧本、马尔美第和摩勒斯涅，以及1864年普丹战争中获得的石勒苏益格归还丹麦。承认波兰独立，同时把德国的波兹南、中西里西亚、西普鲁士、波美拉尼亚和上西里西亚的各一部分划归波兰所有。默麦尔地区先交由国联管辖，后转给立陶宛，但泽成为国联管控的自由市。法德边界的划分基本采纳了《枫丹白露文件》的建议。德国由此失去了八分之一的领土和十分之一的人口。

同时，和约还剥夺了德国的全部海外殖民地，由英、法、比、日以"委任统治"的形式瓜分殆尽。为了限制德国的军备力量，废除其义务兵役制，限制陆军人数不得超过1万人，军官不可超过4 000人，解散总参谋部，禁止生产和引进重型武器。海军规模限定为小型战列舰和轻巡洋舰各6艘，驱逐舰和鱼雷艇各12艘，不得拥有主力舰和潜艇，海军兵员不得超过1.5万人，其中军官不得超过1 500人。关于德国的战争赔款问题，成立由英、美、法、意、比等国组成的赔偿委员会，负责决定赔款总额，并规定德国在1921年5月11日前应先支付200亿金马克，同时德国还应担负占领军的全部军费。

《凡尔赛和约》签订后，战胜国又相继同奥地利签订了《圣日耳曼条约》，与保加利亚签订了《纳伊条约》，与匈牙利签订了《特里亚农条约》，与土耳其签订了《色佛尔条约》。《圣日耳曼条约》将奥匈帝国在战争中的责任强加给了新成立的奥地利共和国。条约规定：奥地利承认匈牙利、波兰、捷克斯洛伐克和塞尔维亚-克罗地亚-斯洛文尼亚的独立，并将其部分领土转让给上述国家，布科维纳划归罗马尼亚，南提罗尔、的里雅斯特和伊斯特拉半岛划归意大利；禁止德国和奥地利合并。《纳伊条约》使塞尔维亚-克罗地亚-斯洛文尼亚获得了马其顿的一部分，希腊获得沿爱琴海的西部色雷斯，保加利亚在爱琴海失去了入海口。由于匈牙利国内革命形势的变化，同盟国直到1920年6月才与匈牙利签署了《特里亚农条约》。该条约令匈牙利失去了23%以上的领土，赔款22亿金法郎。《色佛尔条约》迫使土耳其放弃了亚美尼亚、巴勒斯坦、美索不达米亚、叙利亚和阿拉伯半岛，达达尼尔海峡也由国际共同控制。

上述条约是战胜国在自身实力的基础上，经过反复博弈而暂时达成妥协的结果，由这些条约构成的战后国际关系新体系被称为凡尔赛体系。凡尔赛体系作为20世纪最重要的国际体系之一，具有较大的局限性：首先，该体系加剧了帝国主义列强之间的矛盾。第一次世界大战是两大帝国主义集团共同挑起的，然而战败国却被迫承担了战争的全部责任，不得不接受战胜国极为苛刻的惩罚。作为主要战败国的德国，虽然在无奈之下签署了《凡尔赛和约》，但德意志民族充满了强烈的复仇主义情绪。魏玛共和国的软弱进一步加剧了国内民众对战胜国的仇恨，他们渴望出现一个像俾斯麦一样的强权者“重振国威”。正是这种不断高涨的极端民族主义和复仇主义情绪，为20世纪30年代希特勒上台执政埋下了伏笔。其次，凡尔赛体系成了战胜国反苏（俄）反共的工具。凡尔赛体系自建立之初就带有反苏反共的性质，无论是讨论战后世界秩序的巴黎和会，还是作为凡尔赛体系重要支柱的国际联盟，均将苏俄排斥在外。20世纪30年代法西斯势力崛起后，英法等国仍不愿意放下反苏反共的执念，坚持实施绥靖政策，希望达到祸水东引的目的。最后，凡尔赛体系加深了帝国主义列强和殖民地半殖民地国家之间的矛盾。凡尔赛体系非但没有使广大被压迫民族获得解放，反而加重了他们的负担，列强在一战中遭受的损失大多被转移到他们身上。总之，凡尔赛体系之下矛盾重重、危机四伏。

二、华盛顿体系

由于凡尔赛体系没有从根本上解决列强之间的各种矛盾，美、英、日等国在远东和太平洋地区的争夺愈演愈烈。为进一步提高军事竞争力，美国重启了威尔逊在一战前提出的海军建设计划，准备在5年内建造10艘主力舰、6艘巡洋舰和一批辅助舰船，使美国海军能够与世界最强海军势均力敌。1921年，美国的海军军费已从1914年的1.36亿美元增至4.33亿美元，这使老牌海上强国英国备感压力。而战后的英国迫于财政压力，无法维持原先的海军实力。1920年，英国不得不宣布放弃海军的“两强标准”，维持“一强标准”，以使本国海军实力始终处于世界前列。在远东，日本也在雄心勃勃地扩充海军实力，提出了《八·八舰队方案》，举全国之力以推进本国海军建设。激烈的海军军备竞赛使各国逐渐不堪重负，特别是1921年前后的经济危机，更让它们感到有必要对海军规模加以限制，以缓解本国的经济压力。

1921年11月12日至1922年2月6日，美、英、法、意、日、比、葡、荷、中九国代表团在华盛顿召开会议，商讨限制海军军备问题以及远东和太平洋问题。会议通过了包括《四国条约》《五国条约》和《九国公约》在内的7项条约和12项决议案。其中美、英、日、法签订的《四国条约》规定：互相尊重各国在太平洋区域内岛屿属地和岛屿领地的权利；一旦这些权利遭受其他国家侵略行为的威胁时，缔约国应进行协商，采取有效措施予以应对；条约有效期10年；条约生效后，英日同盟随之终止。《四国条约》调整了美、英、日在太平洋地区的关系，较大地缓和了美、日之间的矛盾。美国完成了拆散英日同盟的夙愿，取得了外交的重大胜利；英国既保持了与日本的友好关系，又获得了美国的支持，更有助于维护其在太平洋上的利益；日本则通过该条约，使其在太平洋地区的利益得到了美国的正式承认。

《五国条约》规定五国海军主力舰总吨位按照5：5：3：1.75：1.75的比例，分别限定为英、美各52.5万吨，日本31.5万吨，法、意各17.5万吨；同时规定主力舰的排水量不得超过3.5万吨，舰炮口径不得超过16英寸；各国航空母舰总吨位限额为美、英各13.5万吨，日本8.1万吨，法、意各6万吨。美、英、日三国在太平洋岛屿和领地的要塞维持现状，美国不得在菲律宾、关岛、萨摩亚和阿留申群岛修建海军基地和新的要塞，英国不得在香港及太平洋东经110度以东的岛屿设防，日本承诺不在台湾设防。《五国条约》使美国正式取得与英国同等的海上地位，同时遏制了日本的海军扩张计划。不过，该条约只限制了主力舰和航空母舰的吨位，对巡洋舰和潜艇并没有做出任何限制，这为日后的军备竞赛留下了余地。

《九国公约》是华盛顿会议关于中国问题通过的一个重要条约。中国问题是远东和太平洋问题的核心，也是美日争夺的焦点。华盛顿会议开幕后不久，中国代表施肇基就向“远东和太平洋问题”委员会提出了解决中国问题的十项原则，主要内容包括：尊重中国领土完整和政治独立；废除以前中国政府给予外国的一切特权；各国缔结有关中国和远东的条约时须通知中国；立即取消中国在司法、政治、经济和行政上所受的限制；承认“门户开放”政策。其后，美国代表鲁特提出“四点原则”：尊重中国主权与独立以及领土和行政的完整；给予中国完全无碍之机会，以发展维持一个有力并巩固的政府；各国在中国商务实业机会均等；不得利用中国的现状，谋取特别权利，以削减其他国家权利，也不得赞助有损于别国安全的行动。中国代表依据鲁特“四点原则”，提出了废除“二十一条”、收回日本攫取的在山东的一切权利、撤销外国的领事裁判权等要求，但遭到了日本的反对。在美英的调解和干涉下，1922年2月4日，中日代表签订了《中日解决山东悬案条约》。通过这一条约，中国收回了山东主权和胶济铁路的利权。2月6日，与会各国签订了《九国公约》。该条约以鲁特“四点原则”为核心内容，通过国际协定的形式肯定了美国提出的门户开放原则，阻止了日本独霸中国的野心，使中国重新回到列强共同支配的局面。

华盛顿会议签订的一系列条约和协定，组成了第一次世界大战后战胜国在远东和太平洋地区的新秩序，即华盛顿体系。华盛顿体系是对凡尔赛体系的修改和补充。它的建立暂时抑制了日本在远东地区的扩张，削弱了英国在太平洋的势力。华盛顿体系的建立，标志着一战后国际关系秩序重构的完成，其与巴黎和会后形成的凡尔赛体系共同构成了“凡尔赛–华盛顿体系”。

三、“二十年危机”

英国历史学家爱德华·卡尔曾把1919—1939年的国际关系史描述为“二十年危机”，这个说法形象地概括了凡尔赛–华盛顿体系的不稳定性、脆弱性和短暂性。1919年6月28日巴黎和会闭幕后，摆在各国面前最复杂的国际问题之一就是德国的赔款问题。根据《凡尔赛和约》的规定，德国须在1921年5月1日前支付200亿金马克的赔款，再由战胜国组成的赔款委员会协商赔款总额和分配比例的问题。1921年4月，赔款委员会最终商定的德国赔款总额为1 320亿金马克，分60年还清。然而，德国支付了约80亿金马克的赔款后国内经济便陷入濒临崩溃的状态。1922年7月和11月，德国两次以财政危机为由，要求延期支付赔款。法国对此表示坚决反对，法德矛盾迅速激化。

1923年1月11日，法国联合比利时，以德国不履行赔款义务为由，出动约10万人的军队占领了德国最大的工业区鲁尔，鲁尔危机爆发。德国认为法国和比利时的军事行动侵犯了德国的主权，因此采取不计后果的“消极抵抗”政策。法国随之扩大占领区，解雇抵抗者，双方矛盾更加尖锐。德国经济秩序大乱，通货膨胀达到天文数字。同时，德国政局也出现动荡。1923年8月，古诺政府倒台。10月，汉堡发生工人武装起义。法国占领鲁尔非但未能达到预期目的，反而受到来自国内外不同方面的谴责，本国经济也深受其害，法郎严重贬值。英、美两国为了避免德国因经济瘫痪而爆发大规模的革命，同时向法、德双方施压，要求尽快结束鲁尔危机，并提出重新商讨赔款问题。法国在内外交困之下，被迫接受了英美建议。

1924年，美国银行家查理·道威斯出任赔款委员会主席，提出解决德国赔款问题的建议方案，即“道威斯计划”。该计划的主要内容是取消原先设定的赔款总额，暂不重新制定赔款总额，只要求德国在1924—1925年先支付

10亿金马克赔款，之后赔款逐年递增。同时为了增强德国的赔偿能力，英、美等国提供8亿金马克的贷款用以恢复德国的经济，由赔偿事务总管负责监督德国的经济和财政状况。另外，该计划还要求法国和比利时从德国撤军，保证德国经济的统一与自由。1924年9月1日，“道威斯计划”开始实施。1925年7月，法、比军队撤出鲁尔。鲁尔危机和德国赔款问题暂时得到了解决。“道威斯计划”的实施是战胜国对德政策的转折点，战败国与战胜国之间的关系由此转变为债务国和债权国的关系。该计划减轻了德国的赔款义务，使德国经济得到快速恢复与发展，为德国进一步在政治上摆脱《凡尔赛和约》的限制奠定了基础。

德国赔款问题暂时告一段落后，如何保障欧洲安全的问题再次被提上议程。虽然德国在战后受到了战胜国极为严苛的惩罚，遭受了领土、人口和经济的巨大损失，但作为第一次世界大战的发动者之一，德国始终无法得到欧洲各国的谅解。对德国戒备最深的无疑是其宿敌法国，鲁尔危机的失败更加剧了法国的不安。不过，这也促使法国认识到严厉制裁德国不仅不得人心，而且难以真正执行。有鉴于此，法国国内开始出现对德和解的声音。1925年4月，白里安出任法国外长，他竭力主张通过缓和法德关系来解决一直困扰法国的安全问题；在另一方面，作为深受《凡尔赛和约》制约的德国，其外交的主要目的是摆脱和约的束缚并恢复德国在欧洲的大国地位。斯特莱斯曼出任总理之后，力主从调整与法国的关系开始，逐步获得战胜国的谅解。

不仅法德两国都有和解的意愿，而且英美也积极支持法德和解。英国此时正面临着严重的经济社会问题，不愿意为欧洲大陆承担过多的义务，只希望通过最省力的办法解决欧洲的安全问题。英国认为，促成法德和解既能够消除法国的安全顾虑，又可以拉拢德国加入西方阵营以共同遏制苏联。美国为了自身的利益，也希望欧洲保持和平与稳定，因此完全赞同英国的立场。

在英美两国的支持下，德国于1925年主动向各个战胜国发出备忘录，建议在莱茵地区有利害关系的国家间缔结一份维持现状、互相保证安全与和平解决争端的安全保障条约。1925年10月5日，英、法、德、比、意、波、捷等国在瑞士的洛迦诺举行会议，讨论欧洲的安全问题。此次会议的主要操纵者是英国，其主要目的是抑制法国，扶持德国以抗衡苏联。为达此目的，英国不顾法国对自身安全的强烈渴望，与德国联手，迫使法国在一些问题上做出让步，从而促成与会各国签订了最后议定书和其他七个条约。最后议定书和这些条约总称为《洛迦诺公约》。该公约除核心文件《莱茵保证公约》外，德国还必须分别与法、波、捷等国签订仲裁条约，法国与波兰、捷克斯洛伐克又分别签订了保证条约。《莱茵保证公约》规定：德法、德比边界不变；各国遵守《凡尔赛和约》关于莱茵非军事区的规定；道威斯计划依然有效；英国和意大利作为公约的保证国，具有援助被侵略国的义务。

《洛迦诺公约》的签订，是战胜国为解决欧洲安全问题，以承认德国在政治上的平等地位为前提，对凡尔赛体系的一次较大调整。通过该条约，德国成功摆脱了政治上备受束缚的困境，迈出了恢复大国地位的第一步。1926年9月，德国加入国联，并在英国的扶持下成为国联的常任理事国，重新跻身于西方大国的行列。

洛迦诺会议后，法国在欧洲大陆的领导地位遭到严重削弱，自身的安全也不得不依赖于英国和意大利的保证。为此，法国希望借助美国的力量与英德对抗，并于1927年4月向美国提议两国缔结永不为敌的条约。但美国对于单方面与法国加强关系并没有太大的兴趣，反而希望通过推动缔结多边条约来塑造自己“爱好和平”的国际形象。

在美国的大力推动下，1928年8月27日，美、英、法、德、意、比、日、波、捷、南非等15个国家代表在巴黎签订了《关于废弃战争作为国家政策工具的一般条约》，即所谓的《非战公约》（也称《白里安-凯洛格公约》）。其主要内容为：缔约国“斥责用战争来解决国际纠纷，并在它们的相互关系上，废弃战争作为实行国家政策的工具”；缔约国之间可能产生的一切矛盾或争端，不管其性质或起因为何，都只能用和平的方法解决或处理；其他国家都可以加入本公约。1929—1933年，先后有63个国家加入《非战公约》。然而，该公约的内容过于抽象空洞，对裁军问题和违反公约的制裁办法都没有提及。事实证明该公约无法阻止战争，只是一纸空文。其后，随着法西斯势力在德、意、日等国的崛起，世界再度陷入急剧动荡之中，凡尔赛-华盛顿体系仅仅维持20年便彻底崩溃了。

四、国内学术界关于凡尔赛-华盛顿体系的研究

国内学术界对凡尔赛-华盛顿体系的研究多集中在以下几个方向：一是对凡尔赛-华盛顿体系本身的研究，即这一体系产生的背景、过程及影响等；二是对凡尔赛-华盛顿体系与其他国际关系体系的比较研究；三是对凡尔赛-华盛顿体系与东亚国际关系的研究。

（一）关于凡尔赛-华盛顿体系本身的研究

龚亚立的《略论凡尔赛体系的几个问题》主张对凡尔赛体系应做全面、具体、历史的分析，既要指出其掠夺、争霸的本质，也要看到它所包含的许多进步成分。该文认为，凡尔赛体系一经建立，就开始了其瓦解的进程。20世纪20年代美国的扶德政策，加速了这个体系的瓦解，德国发动第二次世界大战则彻底砸碎了凡尔赛体系。① 于延民的《关于凡尔赛-华盛顿战略格局演变的历史思考》认为，凡尔赛-华盛顿体系本质上是帝国主义为重新划分经济势力范围而制定的。② 徐蓝的《凡尔赛-华盛顿体系与两次世界大战之间的国际关系》认为，根据19世纪的经验，在经历了一场空前浩劫的战争之后，通过战胜国缔结和约的办法来安排战后的世界，便成为当务之急。一战对战前世界格局所造成的一系列变化与冲突，也必然在不同程度上影响着主要战胜国的政治家们，并且使他们对战后世界的安排形成一些共识。而这

① 龚亚立：《略论凡尔赛体系的几个问题》，《江西师范大学学报（哲学社会科学版）》1992年第2期。

② 于延民：《关于凡尔赛-华盛顿战略格局演变的历史思考》，《军事历史》1992年第5期。

些共识就是凡尔赛–华盛顿体系建立的基础。[①] 夏立平的《全球化时代国际体系的演变与转型》总结了凡尔赛–华盛顿体系的三大特点：多极的均势体系；首次建立的维护国际安全的世界性组织失败；帝国主义时代的规律起主要作用。[②] 权秀贤的《论国际体系对国家安全的影响——以20世纪国际体系为例》认为，凡尔赛体系最典型的特点是权力均势与集体安全并存。[③]

李厚银的《通过巴黎和会看凡尔赛体系的实质》认为，凡尔赛体系加剧了战胜国与战败国之间的矛盾：战败国力图摆脱赔款的负担，收回丧失的权益，企图打破和约，而战胜国则主张维持现状。同时凡尔赛体系具有反苏、反共、反社会主义的性质，在巴黎和会上帝国主义列强多次提及对苏俄进行武装干涉的问题。战胜国间也并非一片祥和，新兴强国美国渴望称霸世界，英国希望维持欧洲均势，法国力图重建欧洲霸权，日本则力主建立远东和太平洋霸权，四国的矛盾与冲突为日后第二次世界大战的爆发埋下隐患。[④] 陈世阳、夏欢的《凡尔赛体系解体的原因分析》认为，自身包含的复杂矛盾是凡尔赛体系解体的一般原因，而严重的结构缺陷是凡尔赛体系解体的特殊原因，二者的共同作用导致了凡尔赛体系的瓦解。[⑤] 刘波的《凡尔赛体系未能维护一战后世界和平的原因探析》从四个方面来探析凡尔赛体系所存在的机理性缺陷：美苏两侧翼大国被排斥在该体系之外；对德国的苛刻惩罚一方面埋下了复仇的种子，另一方面也增强了德国的地缘战略优势；少数民族问题和委任统治，引起了体系内主导力量的边际效应；赔款、安全等问题引发利益分配不均导致体系内大国之间的罅隙。正是这些相互交织的结构性缺陷导

① 徐蓝：《凡尔赛–华盛顿体系与两次世界大战之间的国际关系》，《历史教学问题》2000年第3期。

② 夏立平：《全球化时代国际体系的演变与转型》，博士学位论文，华东师范大学历史系，2007，第20–22页。

③ 权秀贤：《论国际体系对国家安全的影响——以20世纪国际体系为例》，《传承》2010年第7期。

④ 李厚银：《通过巴黎和会看凡尔赛体系的实质》，《岱宗学刊》1998年第2期。

⑤ 陈世阳、夏欢：《凡尔赛体系解体的原因分析》，《山西高等学校社会科学学报》2006年第4期。

致凡尔赛体系未能维护一战后的世界和平。[①] 李世安的《从国际体系的视角再论雅尔塔体系》认为，凡尔赛-华盛顿体系不仅没有解决欧洲战前就存在的矛盾，更没有解决战后产生的矛盾。相反，它使帝国主义国家争霸的矛盾愈演愈烈。希特勒企图称霸欧洲和世界的行为，打破了凡尔赛-华盛顿体系维持的均势，导致第二次世界大战的爆发。欧洲民族问题没有得到解决，民族国家之间在领土和人口上的斗争，是破坏凡尔赛-华盛顿体系的重要力量，也是引发第二次世界大战的主要原因之一。[②] 宋晨的《凡尔赛体系的缺失与纳粹德国的崛起》也认为凡尔赛体系存在严重的结构缺陷，战后欧洲新的力量对比失衡致使国际秩序处于不稳定状态。《凡尔赛和约》对德国的惩罚促使一战后的德国在内外困境中寻求着再次强盛的道路，内外诱因的作用使得纳粹党于20世纪30年代在德国掌权，从而使德国再次崛起，成为发动第二次世界大战的罪魁祸首。[③]

叶书宗的《二十世纪三十年代欧洲国际格局的演变》认为，凡尔赛体系对德国的压迫，促使德国充满民族复仇主义情绪。为了重建欧洲霸权，德国发动了更大规模的战争，从而导致了凡尔赛体系的瓦解。[④] 杨和平的《凡尔赛格局中的意大利》提出凡尔赛体系下意大利所推行的外交政策是一种追求欧洲均衡的政策。它希望的欧洲均衡是出自其既得利益的需要，也是相对稳定的国际形势使然。[⑤] 吴建新的《20世纪世界格局的三次变动》认为凡尔赛-华盛顿体系是一个多极军事结构，它是第一次世界大战后，西方帝国主义列强重新瓜分世界，推行霸权主义和强权政治的产物。其本身就存在着很大

---

① 刘波：《凡尔赛体系未能维护一战后世界和平的原因探析》，《国际关系学院学报》2007年第6期。

② 李世安：《从国际体系的视角再论雅尔塔体系》，《世界历史》2007年第4期。

③ 宋晨：《凡尔赛体系的缺失与纳粹德国的崛起》，《太原城市职业技术学院学报》2008年第7期。

④ 叶书宗：《二十世纪三十年代欧洲国际格局的演变》，《上海师范大学学报（哲学社会科学版）》1992年第2期。

⑤ 杨和平：《凡尔赛格局中的意大利》，《四川师范学院学报（哲学社会科学版）》1992年第4期。

的争夺性、称霸性，从而给世界留下动荡和引爆新的战争的祸源。[①] 陈敏的《国际体系转换的经济动因》认为，因为凡尔赛–华盛顿体系是一个纯政治性的和平结构，对经济方面的和平关注甚少，最终导致在这种强权安排下国家间矛盾的恶化，动摇了凡尔赛体系的基础。[②] 王富玉的《浅析凡尔赛体系的弊端》认为凡尔赛体系的弊端是民族问题、德国问题与安全体制问题交织在一起构成的。[③] 茹莹的《凡尔赛体系与东欧民族关系》从凡尔赛体系与东欧民族关系的角度出发，认为凡尔赛体系依据民族自决原则重新划定欧洲尤其是东欧地区的政治边界，希望建立一个和平与稳定的新秩序。然而，这种做法最终失败了，不仅没有缓和东欧地区错综复杂的民族宗教矛盾，还导致该地区国际关系的紧张，也成为凡尔赛体系最终走向破产的重要原因之一，并在很大程度上影响了今天东欧民族关系的基本格局。[④] 孙启军的《论国际体系结构的稳定性因素——以维也纳体系与凡尔赛体系为例》认为，凡尔赛体系的平衡国美国在体系建设与维护上发挥的作用不积极，该体系确立的“胜利者安全机制”、各国外交政策的影响以及维护体系的力量小于改变体系的力量等因素，最终导致了凡尔赛体系的不稳定。[⑤] 张昌林的《20世纪社会主义革命与国际体系》认为，正是由于在凡尔赛–华盛顿体系中遭到排斥和孤立，苏俄才选择组建共产国际，领导和推动世界革命，挑战由帝国主义列强主导的凡尔赛–华盛顿体系，构建符合自身利益和愿望的新国际体系。[⑥]

（二）凡尔赛–华盛顿体系与其他国际关系体系的比较研究

曹胜强的《20世纪国际秩序的历史研究——凡尔赛体系与雅尔塔体系之

---

① 吴建新：《20世纪世界格局的三次变动》，《锦州师范学院学报（哲学社会科学版）》2000年第1期。

② 陈敏：《国际体系转换的经济动因》，《内蒙古科技与经济》2004年第14期。

③ 王富玉：《浅析凡尔赛体系的弊端》，《山西高等学校社会科学学报》2004年第6期。

④ 茹莹：《凡尔赛体系与东欧民族关系》，《滨州学院学报》2006年第2期。

⑤ 孙启军：《论国际体系结构的稳定性因素——以维也纳体系与凡尔赛体系为例》，《枣庄学院学报》2007年第1期。

⑥ 张昌林：《20世纪社会主义革命与国际体系》，载《中国国际共产主义运动史学会　会议论文集》，中国国际共运史学会，2018，第191–198页。

比较》就凡尔赛体系与雅尔塔体系不同的创立过程、造就的不同格局、对战败国的不同解决办法做了比较，认为凡尔赛体系对战败国的处置带有明显的复仇痕迹。这一体系从建立到内部机制的运作，都存在着严重的问题，因而它不仅没能消除战争，反而又引爆了一场新的世界大战。但从另外一个角度讲，它维持了短暂的和平，也让国际新秩序的创建者们引以为鉴。[①] 高硕、孙子东的《从凡尔赛到雅尔塔——试析近代欧洲安全体系》通过分析凡尔赛体系和雅尔塔体系不同的内部结构和运作机制及其给欧洲带来截然不同命运的原因，认为凡尔赛体系既不能在当时的条件下建立有效的均势，也无法利用新生的“国联”构筑自身的安全，迎接它的只有崩溃瓦解的厄运。[②] 赵来文、高卓杰的《维也纳体系与凡尔赛-华盛顿体系衰败原因共性分析》从维也纳体系与凡尔赛-华盛顿体系衰败的原因进行共性分析，总结出科技的发展、不可逆转的社会历史潮流以及体系内维护机制约束性的缺失是造成两大体系演变的重要原因。[③] 程早霞的《凡华体系与雅尔塔体系解体原因比较分析》通过比较两个体系的解体方式，提出两次世界大战的性质不同，最终导致了两个体系不同的历史命运。[④] 祁怀高、梅毅的《华盛顿体系与大东亚新秩序比较研究》比较了东亚国际关系舞台上曾相继出现的两种地区秩序——以“门户开放”为特征、美国主导建立的华盛顿体系和以“大东亚共荣圈”为特征、日本企图建立的“大东亚新秩序”，认为二者不仅在地域上不尽相同，而且在性质和本质上均有重大差别。[⑤] 范瑞莹的《17世纪至20世纪初国际体系的演进及动因——从威斯特伐利亚体系到凡尔赛-华盛顿体系》，通过分析现代国际体系从威斯特伐利亚体系到凡尔赛-华盛顿体系的演变过程，认

① 曹胜强：《20世纪国际秩序的历史研究——凡尔赛体系与雅尔塔体系之比较》，《世界历史》1997年第1期。

② 高硕、孙子东：《从凡尔赛到雅尔塔——试析近代欧洲安全体系》，《河北师范大学学报（哲学社会科学版）》2004年第3期。

③ 赵来文、高卓杰：《维也纳体系与凡尔赛-华盛顿体系衰败原因共性分析》，《白城师范学院学报》2005年第19卷第2期。

④ 程早霞：《凡华体系与雅尔塔体系解体原因比较分析》，《学术交流》2005年第11期。

⑤ 祁怀高、梅毅：《华盛顿体系与大东亚新秩序比较研究》，《东南亚研究》2008年第1期。

为国际体系演进的动因主要在于体系内主要行为体的力量对比变化、体系内的权力结构变化以及国家利益因素。[①] 王立新的《超越凡尔赛：美国共和党政府的国际秩序思想及其对欧洲稳定与安全的追求（1921—1929）》深入阐述了20世纪20年代美国共和党政府纠正凡尔赛体系弊端的具体措施：一是削减德国的战争赔款，并在此基础上向德国和欧洲其他国家输入美国的资本，实现欧洲经济的复兴以及促进德国融入欧洲；二是以停止贷款相威胁，促使欧洲国家实现安全合作，解决《凡尔赛条约》引发的欧洲边界与安全问题。该文认为共和党的这些努力一度获得相当的成功，不仅降低了凡尔赛体系的掠夺性和不公正性，而且促进了法德之间的和解与“欧洲协调”观念的复兴。该文同时也注意到，共和党政府的一些政策失误导致20世纪30年代经济大危机的爆发，使其促进欧洲稳定与安全的政策最终失败。[②] 王金港的《试论凡尔赛-华盛顿体系与雅尔塔体系之异同》认为凡尔赛-华盛顿体系与雅尔塔体系在其确立和崩溃的过程、作用上有相似之处，但在其解决的主要矛盾、体现的意志、对战败国的处理方式上有明显的区别。[③]

（三）凡尔赛-华盛顿体系与东亚国际关系的研究

王立新的《华盛顿体系与中国国民革命：二十年代中美关系新探》重新梳理了20世纪20年代的中美关系，重点关注当时的国际关系格局与中国国内政治演变之间的互动关系。该文认为，华盛顿方案与中国国民革命有着直接的因果关系，中国激进民族主义者对华盛顿方案的不满正是大革命兴起的主要因素之一；中国国民革命促使美国对华政策做出重大调整，并动摇了作为华盛顿体系重要构架的大国一致原则，为后来华盛顿体系的崩溃埋下

① 范瑞莹：《17世纪至20世纪初国际体系的演进及动因——从威斯特伐利亚体系到凡尔赛-华盛顿体系》，《今日南国（中旬刊）》2010年第12期。

② 王立新：《超越凡尔赛：美国共和党政府的国际秩序思想及其对欧洲稳定与安全的追求（1921-1929）》，《世界历史》2015年第1期。

③ 王金港：《试论凡尔赛-华盛顿体系与雅尔塔体系之异同》，《商》2016年第12期。

了伏笔。[①] 作者的另外一篇文章《美国的世界秩序观与东亚国际体系的演变（1900—1945）》认为，美国从20世纪之交就开始谋求在东亚建立一个不同于欧洲权力政治的新的国际秩序。这是美国从建国之初就萌生的改造国际秩序思想的延续，20世纪上半期美国新的国际秩序思想集中体现在华盛顿体系的建立上。从20世纪30年代初直至二战结束，东亚国际关系的演变可以被视为美国捍卫、中国认同、日本挑战华盛顿体系的过程，战后初期美国试图建立的东亚国际秩序不过是华盛顿体系的修正版。[②] 金卫星的《凡尔赛-华盛顿体系与中国外交方略的转变》总结分析了从巴黎和会到华盛顿会议期间中国的外交方略发生的重要转变，认为中国以巴黎和会与华盛顿会议为起点，通过主动参与国际条约体系，运用国际法准则制衡列强，维护了国家的主权和利益。[③]马建标的《华盛顿体系、反帝运动与国民革命的酝酿》将华盛顿体系与五卅反帝运动联系起来，认为华盛顿体系不能及时履行对中国的修约承诺，招致中国民族主义者的愤怒，使得苏联政府成功抓住这个机会，促成国共合作，为反帝运动做了组织准备。[④]

马龙的《论华盛顿体系下的美日和平与冲突》认为，由于美日在远东太平洋地区的政策有着根本性的冲突，所以在华盛顿体系建立的和平中也隐藏着这种冲突，这为以后美日在太平洋上走向战争埋下了伏笔。[⑤] 宋志勇的《20世纪前期日本与东亚国际关系》认为日本东亚政策的目标是“破旧立新”，彻底打破华盛顿体系，建立由日本主导的“大东亚新秩序”。然而，日本的这一政策遭到了中国和国际社会的一致反对和抵制，最终以失败告

① 王立新：《华盛顿体系与中国国民革命：二十年代中美关系新探》，《历史研究》2001年第2期。

② 王立新：《美国的世界秩序观与东亚国际体系的演变（1900–1945）》（Ⅰ），《东南亚研究》2003年第4期；王立新：《美国的世界秩序观与东亚国际体系的演变（1900–1945）》（Ⅱ），《东南亚研究》2003年第5期。

③ 金卫星：《凡尔赛-华盛顿体系与中国外交方略的转变》，《苏州大学学报（哲学社会科学版）》2006年第3期。

④ 马建标：《华盛顿体系、反帝运动与国民革命的酝酿》，《中共党史研究》2020年第6期。

⑤ 马龙：《论华盛顿体系下的美日和平与冲突》，《湖北第二师范学院学报》2011年第28卷第4期。

终。[①]史桂芳的《第一次世界大战前后日本对外扩张与东亚格局之变动——以华盛顿体系为中心的考察》通过研究华盛顿体系下日本的对外扩张，认为日本在华盛顿体系下具有两面性：一方面在“协调”参与华盛顿体系中谋求利益最大化；另一方面不断寻找机会突破华盛顿体系的限制。[②]作者的另外一篇文章《从华盛顿体系到东亚新秩序——日本对外扩张政策的演进》梳理分析了日本从参加华盛顿体系到建设东亚新秩序的演变过程，认为日本在推行其大陆政策的过程中经历了从“协调”外交到“强硬”外交、从参与国际体系到建立新的国际秩序的巨大转变。这种变化对亚太地区的国际格局、世界形势产生了重大影响。[③]武向平的《“凡尔赛-华盛顿”体制下日本亚太地区扩张“触角”》认为，日本为了保存在一战后的国际新形势下已经获得和即将获得的权益，不得不变换对外侵略扩张的政策，通过“协调外交”来实现在亚太地区的新图谋，把在亚太地区同列强之间的“竞争侵略”变成了“协调侵略”。[④]孙文竹的《日本海权崛起与国际体系的冲突：历史与启示》探讨了日本加入华盛顿体系的背景与过程，华盛顿体系与日本海军在理念、战略目标和决策机制之间的冲突，日本海军及文官群体之间围绕华盛顿体系而进行的妥协与斗争，认为尽管华盛顿体系确实在20世纪20年代和30年代初限制了日本海军的军备扩张，但并没有从根本上改变后者的扩张政策。[⑤]

---

① 宋志勇：《20世纪前期日本与东亚国际关系》，《南开学报（哲学社会科学版）》2010年第6期。

② 史桂芳：《第一次世界大战前后日本对外扩张与东亚格局之变动——以华盛顿体系为中心的考察》，《世界历史》2012年第4期。

③ 史桂芳：《从华盛顿体系到东亚新秩序——日本对外扩张政策的演进》，《抗战史料研究》2015年第2期。

④ 武向平：《“凡尔赛-华盛顿”体制下日本亚太地区扩张“触角”》，《历史教学（下半月刊）》2012年第10期。

⑤ 孙文竹：《日本海权崛起与国际体系的冲突：历史与启示》，《亚太安全与海洋研究》2016年第1期。

专题八

雅尔塔体系

第二次世界大战爆发后，凡尔赛-华盛顿体系彻底瓦解。经过与轴心国的艰苦斗争，世界反法西斯联盟最终取得了胜利。在此过程中，以美、苏为首的同盟国吸取了凡尔赛-华盛顿体系的教训，通过开罗会议、德黑兰会议、雅尔塔会议、波茨坦会议，以及一系列的双边和多边会谈，逐步构建了一个全新的国际关系体系——雅尔塔体系。雅尔塔体系重塑了国际政治秩序与国际经济秩序，维持了战后世界数十年的基本和平与稳定。

一、雅尔塔体系的形成

二战爆发后，欧洲各国面对德、意法西斯的进攻节节败退，不得不再次寻求美国的帮助。1941年8月，英国首相丘吉尔与美国总统罗斯福在纽芬兰岛阿金夏湾的美国巡洋舰“奥古斯塔”号上举行会晤，商讨反法西斯的战略，并签署了被称为《大西洋宪章》的联合宣言。两国通过《大西洋宪章》向外界宣布对德战争的目的和安排战后世界秩序的理念与构想，即不寻求领土或其他方面的扩张，不承认通过侵略造成的领土变更，尊重所有民族选择其政府形式的权利，恢复被武力剥夺的各国人民的主权及自治权，维护各国在贸易和原料获取方面的平等权利，促成所有国家在经济方面开展最充分的合作，摧毁纳粹暴政后重建和平，保障公海航行自由，解除侵略国家的武装，削减军备。

1941年12月7日，日本偷袭珍珠港，美国随即对日宣战。为了进一步协调反法西斯的战略，构建反法西斯统一战线，12月22日，罗斯福与丘吉尔在华盛顿举行代号为“阿卡迪亚”的会谈，商讨对德、日法西斯的联合作战计划，并倡议所有对轴心国家作战的国家签署一项共同宣言。1942年1月1日，美、英、苏、中等26个国家的代表在华盛顿签署了《联合国家宣言》，共同声明赞成《大西洋宪章》的宗旨和原则，保证运用各自全部的军事、经济资源同轴心国及其仆从国家作战，不单独同敌人缔结停战协定或和约。国际反法西斯同盟正式建立。

1942年6月中途岛战役后，美军已在太平洋战场上夺取了战略进攻的主动权。为了协调对日作战的军事行动和讨论战后如何处置日本等政治问题，1943年11月22—26日，美、英、中三国领导人在开罗举行会谈。会后发表了《开罗宣言》，阐释了对日作战的目的，即要剥夺日本自1914年第一次世界大战开始以后在太平洋所侵占的一切岛屿与领土，将日本窃取的包括中国东北、台湾、澎湖群岛在内的中国领土全部归还给中国政府，并使朝鲜摆脱日本的殖民统治而实现完全独立。

开罗会议后，罗斯福与丘吉尔紧接着赶赴伊朗首都德黑兰，与苏联领导人斯大林在11月28日共同召开了德黑兰会议。会议的核心问题是讨论如何开辟欧洲第二战场，联合进行对德作战。三大国首脑经过讨论决定，1944年5月实施“霸王计划”，为盟军开辟了欧洲第二战场，从东西两线夹击德军。三国都赞同在战后采取措施以防德国再次发动战争，并决定组建“欧洲咨询委员会”以研究如何分割德国。在建立战后国际组织的问题上，罗斯福主张建立一个世界性的国际组织，而斯大林则提出了建立地区委员会的设想。经过协商后，斯大林接受了罗斯福的建议，会议决定战后成立联合国取代国际联盟。此外，会议还讨论了对日作战问题，决定由苏联在欧洲战争结束后从远东向日军发动进攻。作为条件，斯大林要求收回库页岛，占领千岛群岛，苏军可以进驻中国的大连港。德黑兰会议解决了重要军事作战计划制订、战后国际组织构建、相关国家的疆界划分等一系列问题，加强了反法西斯同盟的团结，加快了第二次世界大战的进程。不过，这次会议也暴露了三大国为了自身利益牺牲他国利益的行为，留下了大国强权政治的烙印。

1944年，随着“霸王计划”的顺利实施和苏联发动全线反攻，第二次世界大战进入了最后阶段，德意法西斯败局已定，日本军国主义也处于垂死挣扎的境地。为讨论战后世界秩序安排以及利益分配问题，1945年2月4日至11日，苏、美、英三国首脑在克里米亚的雅尔塔再次举行会谈。在这次会议上，三国领导人都希望能够按照自己的意愿和构想安排战后世界，最大限度地维护本国利益。英国由于实力在战争中受到严重削弱，无法与美苏相提并论，不得不依附美国，寻求与美国结成同盟，所以雅尔塔会议的主导权实际上掌握在美苏手中。

雅尔塔会议的首要议题是如何处置德国的问题，三国都同意战后分割德国，由各国对德国实行分区占领。同时，为了彻底消灭德国的法西斯主义，要严惩战犯，重建德国的国家机器。法国虽没有参加此次会议，但在美英两国的坚持下，苏联最终同意法国加入占领德国的行列中。

波兰问题是三国领导人争论的另一个焦点。美苏两国为了扩大自己的势力范围，都主张成立与本国意识形态相同的波兰新政府。经过激烈讨论，最后双方达成妥协，决定成立波兰全国统一临时政府。临时政府要在战后尽快依据秘密投票和普选的原则来自由选举出新的政府机构，三国都将与选举出的新政府建立外交关系。会议还解决了波兰的东部疆界问题。

除欧洲外，美国和苏联都非常关注战后远东地区的秩序安排。为了使苏联尽早启动对日作战，罗斯福选择牺牲中国的领土主权来拉拢苏联。苏联在有关库页岛、千岛群岛、外蒙古、旅顺、大连港以及中东铁路与“南满”铁路的要求得到满足后，承诺在欧洲战争结束的2至3个月内参加同盟国的对日作战。美苏达成的协议虽然有利于加快战胜日本法西斯的进程，但严重损害了中国的主权和利益。雅尔塔会议还讨论了希腊、意大利、奥地利、罗马尼亚、保加利亚和南斯拉夫等国的问题，并就联合国安理会常任理事国的问题达成了一致意见，签署了《雅尔塔协定》。

雅尔塔会议后不久，德国战败投降。为了尽快彻底击败日本法西斯，取得二战的最终胜利，1945年7月17日至8月2日，美、苏、英三国首脑在波茨坦召开会议，商讨对日作战问题以及战后处置德国的相关问题。会议期间，美、英、中三国联合发布了《波茨坦公告》，重申了《开罗宣言》的要求，敦促日本无条件投降。8月2日，美、苏、英三国签署了《波茨坦会议议定书》，并发表了《波茨坦会议公报》，这两份文件统称《波茨坦协定》。波茨坦会议对加速日本投降和巩固反法西斯的胜利成果起到了积极作用，但也暴露出美英与苏联之间不可调和的矛盾。此次会议后，美英与苏联的关系从盟友逐渐转变为竞争对手。

自《大西洋宪章》之后，由反法西斯同盟在“阿卡迪亚”会议、开罗会议、德黑兰会议、雅尔塔会议和波茨坦会议以及一系列的双边和多边会谈中形成的关于战后世界秩序安排的文件，以雅尔塔会议文件为核心，共同构建了一个全新的国际关系体系，即雅尔塔体系。

二、雅尔塔体系的主要内容

雅尔塔体系主要包括以下几方面的内容：

第一，重新界定战后欧亚地区相关国家的版图，特别是重新划定了东欧国家、德国、日本、意大利等国家的疆界。根据雅尔塔会议达成的共识，1945年6月5日，德国的最高权力由美、英、法、苏四国驻德占领军共同接管，四国分区占领了德国。德国首都柏林由英、美、法占领西部，苏联占领东部。根据雅尔塔会议和波茨坦会议精神，重新划定波兰以及意大利、罗马尼亚、保加利亚、匈牙利等国的边界。

在亚太地区，美国占领了日本，并托管了日本自1914年第一次世界大战以来在太平洋所获的岛屿与领土，苏联占领了日本北方的色丹、齿舞、国后和择捉等四岛；日本窃取中国的领土，包括钓鱼岛及其附属岛屿在内一并归还中国；朝鲜半岛以“三八”线为界，由苏联和美国分别占领。

第二，划分势力范围。在德黑兰会议上，美、苏、英三国实际上已初步划分了战后各自的势力范围。1944年10月，丘吉尔访问莫斯科，经过与斯大林的多次会谈，两国就东南欧势力范围划分问题达成百分比协定，即苏联占有90%的罗马尼亚和80%的保加利亚，英国占有90%的希腊，双方在匈牙利和南斯拉夫各占同等的利益。此外，为了争取苏联对日作战，作为交换条件，美、英同意苏联将中国的旅顺、大连港以及中东铁路与“南满”铁路纳入其势力范围。

第三，建立国际组织。通过成立联合国、国际货币基金组织、世界银行和关税及贸易总协定等国际组织，重构了战后的国际政治秩序和国际经济秩序。

第四，托管德、日、意三国的殖民地和国联的委任统治地，在原则上承认被压迫民族的独立权利。战后，联合国成立了托管理事会，对二战结束时尚未独立的前国际联盟的委任统治地和盟国所占领的战败国土地实施托管，如非洲的多哥、喀麦隆、卢旺达、布隆迪、索马里，太平洋地区的萨摩亚、巴布亚新几内亚、马绍尔群岛等。

第五，审判战犯，肃清德、意、日三国的法西斯主义和军国主义。通过纽伦堡审判，东京审判和中国南京、上海和北平等法庭的审判，严厉打击三国的法西斯主义和军国主义势力。同时，美、英、法、苏四国在其占领区中还对德国和日本民众开展民主思想教育，以根除法西斯主义和军国主义的影响。

雅尔塔体系的建立，为战后世界和平与安全提供了法律框架和制度基础。其中，联合国的成立为战后各国调解国际争端，解决矛盾纷争提供了一个平台；三大经济组织的建立促进了战后各国经济的恢复与发展。然而，雅尔塔体系也有不可忽视的局限性。首先，雅尔塔体系所包含的一些协定和秘密条款，严重损害了弱小国家的权益，美、苏、英等国与战败国签订的条约也存在损害这些国家领土主权的内容。其次，通过划分势力范围构建的国际政治秩序，实际上并未能持久有效地维护世界和平。弱小国家深受美、苏霸权主义的影响，长期处于依附地位。再次，美、苏等国在其占领或托管的国家与地区强硬地推行与本国意识形态相符的社会制度，剥夺了这些国家和地区自主选择发展道路的权利。最后，法西斯主义和军国主义残余没有被彻底根除。在德国，不少有战争罪行的纳粹分子量刑较轻，甚至获得无罪释放；在日本，美国为了冷战需要，保留了天皇制，释放了不少军国主义分子，为日本军国主义和右翼势力的抬头埋下祸根。

三、雅尔塔体系的影响

雅尔塔体系的建立，结束了欧洲大国主导国际事务的时代，开创了由美、苏两个超级大国主宰世界的两极格局。在雅尔塔体系下，美国摆脱了孤立主义的困扰，积极推行全球主义外交，力图形成以美国为主导的大国合作体制。而苏联在扶持东欧各国建立社会主义制度、构建战略缓冲带以保障自身安全的同时，逐渐开始发展大国沙文主义和民族利己主义。作为推动雅尔塔体系形成的三大国之一的英国，由于实力大幅下降，已无法与美苏抗衡，传统的大西洋霸权时代彻底结束。总体来说，雅尔塔体系虽然从形成过程到其内容本身都充满了美、苏两国的矛盾与妥协，但其重构了国际政治秩序和国际经济秩序，对战后世界格局产生了深刻而持久的影响。

雅尔塔体系在国际政治领域影响最为深远的是联合国的成立。1942年1月，26个国家的代表在华盛顿签署《联合国家宣言》，对战后创立联合国家组织达成了共识。1945年6月，50个国家代表在旧金山制宪会议上通过的《联合国宪章》上签字。宪章规定了联合国大会、安全理事会、经济及社会理事会、托管理事会、国际法院和秘书处为联合国的六个主要机构。联合国作为一个真正意义上具有普遍性和广泛性的国际组织，以维护世界和平，促进国际经济发展与合作为宗旨，第一次以国际公法的形式赋予了中小国家与大国同等的发展权利。直至今日，联合国仍然是维持世界政治秩序最为重要的国际组织。

雅尔塔体系对国际经济秩序的安排，主要体现在建立了国际货币基金组织（IMF）、世界银行集团（WBG）和关税及贸易总协定（GATT）这三个国际经济组织。国际货币基金组织的主要职能是讨论和促进国际货币合作，向成员国提供中短期的贷款解决国际收支的暂时不平衡，进而消除各国外汇管制，稳定国际汇率，以便促进国际贸易的发展。世界银行主要是通过提供长期信贷，来帮助成员国在二战后尽快完成重建本国经济的任务。关税及贸易总协定致力于消除各种阻碍国际贸易发展的经济壁垒，进而建立多边自由贸易体系，保证世界经济的有序发展。国际货币基金组织、世界银行和关税及贸易总协定建立了一套国际金融制度和国际贸易制度，确定了战后的国际经济秩序，对战后世界经济的恢复和发展起到了重要的促进作用。

不过，由国际货币基金组织、世界银行和关贸总协定构成的战后国际经济秩序也存在着一些不可忽视的缺陷：一是广大发展中国家缺乏在这些组织中的发言权和代表权；二是作为超级大国之一的苏联没有加入这三大国际经济组织，缺乏对美国的制衡，致使这些组织实际上成了美国操纵世界经济的工具；三是资本主义大国之间矛盾重重，竞争激烈，导致各国仍会根据本国利益需要实施贸易战或货币战，严重扰乱了正常的国际经济秩序。

四、国内学术界关于雅尔塔体系的研究

国内学术界关于雅尔塔体系的研究，涵盖该体系的建立时间、主要内容及其与冷战的关系等诸多方面，归纳起来大致可分为如下几类：

（一）雅尔塔体系的确立时间

顾关福、曹锡龙的《雅尔塔体制的动摇与东西方关系》认为，雅尔塔体系是经过德黑兰、雅尔塔和波茨坦三次会议确定的美苏两国的势力范围，或者说是东西方为二战结束后划分势力范围与平分欧洲权力所绘制的蓝图。[①] 孙平的《作为一种神话的雅尔塔体系——从筹划战后和平谈起》不同意这种观点，认为所谓雅尔塔体系是美苏两大国对战后世界划分势力范围的说法是一种神话。战时讨论战后安排的几次会议，之所以对战后世界产生深远的影响，不在于它已经做出的决定，而在于在许多问题上没有做出决定。换言之，战时安排战后世界的努力之所以对战后世界具有举足轻重的影响，就在于这些努力的结果没有形成任何和平体系。[②]

① 顾关福、曹锡龙：《雅尔塔体制的动摇与东西方关系》，《世界经济与政治》1990年第8期。
② 孙平：《作为一种神话的雅尔塔体系——从筹划战后和平谈起》，《世界历史》1991年第5期。

曹胜强的《20世纪国际秩序的历史研究——凡尔赛体系与雅尔塔体系之比较》认为雅尔塔会议上所提出的一些设想，直到1951年9月旧金山对日和约的签订才最后实现，因此雅尔塔体系最终确立的时间应以此为准。[①] 张惠平的《战后世界格局演变的回顾与前瞻》认为雅尔塔体系的形成阶段是1945—1950年。[②] 林利民的《关于雅尔塔体制的若干问题》认为从1941年《大西洋宪章》颁布到1951年缔结《旧金山和约》是雅尔塔体系的形成时期。[③] 王晓华的《第二次世界大战对世界格局产生的影响》与顾关福、曹锡龙的《雅尔塔体制的动摇与东西方关系》一文的观点基本相似，认为雅尔塔体系是在1943年11月德黑兰会议、1945年2月雅尔塔会议和1945年7月波茨坦会议等一系列会议上达成的诸多协议所确定的国际体系，包括美、苏两国在欧洲及远东的势力范围和保持均势的各项措施。[④]

（二）雅尔塔体系的内容

雅尔塔体系的内容是雅尔塔体系的核心问题，但学术界对雅尔塔体系内容的阐释并不一致。李茂春、丁汝娴、陈士才的《〈雅尔塔秘密协定〉是大国强权政治的必然产物》认为雅尔塔体系的主要内容是划分势力范围和维持三大国的战后合作，雅尔塔体系的内容突出反映了美国力图控制世界的设想。[⑤] 邹其昌的《"雅尔塔体制"概念辨析——兼议战后国际体制问题》认为，雅尔塔体系的主要内容是处置战败国的基本原则、建立以维护战后世界和平为宗旨的联合国等。[⑥]在《世界历史》1990年11月22日至23日于天津举办

① 曹胜强：《20世纪国际秩序的历史研究——凡尔赛体系与雅尔塔体系之比较》，《世界历史》1997年第1期。

② 张惠平：《战后世界格局演变的回顾与前瞻》，《长白学刊》1992年第5期。

③ 林利民：《关于雅尔塔体制的若干问题》，《高师函授学刊》1994年第5期。

④ 王晓华：《第二次世界大战对世界格局产生的影响》，《云南民族大学学报（哲学社会科学版）》2005年第4期。

⑤ 李茂春、丁汝娴、陈士才：《〈雅尔塔秘密协定〉是大国强权政治的必然产物》，《政治研究》1988年第2期。

⑥ 邹其昌：《"雅尔塔体制"概念辨析——兼议战后国际体制问题》，《世界经济与政治》1991年第1期。

的圆桌讨论会上，沈永兴指出，雅尔塔体系的主要内容包括：一是根据不同情况对战败国和仆从国给予不同的处理；二是三大国根据当时的军事实力，重新绘制战后世界的政治地图，确定各国的边界和势力范围；三是对德、日、意的殖民地和国联委任统治地实行托管计划；四是建立联合国，并在安理会中实行大国否决权。张志则认为雅尔塔体系的内容包括规划如何打败法西斯和安排战后世界。① 谭荣邦的《不该把雅尔塔体制与战后冷战格局混为一谈》综合了以往研究的观点，认为雅尔塔体系应是指二战后期反法西斯同盟国就加速反法西斯战争、处置法西斯侵略国、维护战后和平而达成的一系列协议和条约的统称。②

关于何为雅尔塔体系的核心内容，曹胜强的《20世纪国际秩序的历史研究——凡尔赛体系与雅尔塔体系之比较》认为，联合国是雅尔塔体系的核心与支柱。③ 李世安的《从国际体系的视角再论雅尔塔体系》主张雅尔塔体系中最重要的支柱是联合国和布雷顿森林体系（包括国际货币基金组织、国际复兴开发银行和关税及贸易总协定等），雅尔塔体系的基础是大国合作。④吴建新的《20世纪世界格局的三次变动》则认为雅尔塔体系的核心是划分势力范围和维持大国合作。⑤

（三）雅尔塔体系的特征

在《世界历史》1990年11月的天津讨论会上，顾德欣指出，雅尔塔体系是以德国分裂、欧洲分治和世界范围内的两极全面对抗为特征的。⑥ 高硕、孙子东的《从凡尔赛到雅尔塔——试析近代欧洲安全体系》认为雅尔塔体系

① 沈永兴、张志、顾德欣等：《雅尔塔体制与战后世界格局》，《世界历史》1991年第1期。
② 谭荣邦：《不该把雅尔塔体制与战后冷战格局混为一谈》，《张家口师专学报（社会科学版）》1995年第3期。
③ 曹胜强：《20世纪国际秩序的历史研究——凡尔赛体系与雅尔塔体系之比较》，《世界历史》1997年第1期。
④ 李世安：《从国际体系的视角再论雅尔塔体系》，《世界历史》2007年第4期。
⑤ 吴建新：《20世纪世界格局的三次变动》，《锦州师范学院学报（哲学社会科学版）》2000年第1期。
⑥ 沈永兴、张志、顾德欣等：《雅尔塔体制与战后世界格局》，《世界历史》1991年第1期。

最大的特征是美苏对抗体系的形成以及美国在欧洲大陆广泛而深刻的介入。[①]谭荣邦的《不该把雅尔塔体制与战后冷战格局混为一谈》认为三国对话协商的合作关系贯穿了整个雅尔塔体系的始终，大国合作是雅尔塔体系的本质特征。[②] 范瑞莹的《国际体系变动的新古典现实主义分析——以雅尔塔体系的形成与终结为例》认为雅尔塔体系的突出特点是在世界范围内制造了东西方对抗的两极格局，并且把意识形态之争掺杂进现代国际关系的复杂纷争里。[③]

罗锋的《当今世界格局变化的原因及其发展趋势初探》认为雅尔塔体系具有很强的人为性和强权政治色彩。[④] 林利民的《关于雅尔塔体制的若干问题》指出，雅尔塔体系的特点是历史进步性，该体系的主导国实力更为强悍，政治基础远较凡尔赛-华盛顿体系更为坚实，充满了意识形态斗争的印记。[⑤] 王顺奎的《浅析雅尔塔体制的维和功能》认为雅尔塔体系具有内容完备、正义性和自我生存能力强的三个特征。[⑥] 陈敏的《国际体系转换的经济动因》认为雅尔塔体系的特点是民主性和和平性。[⑦] 权秀贤的《论国际体系对国家安全的影响——以20世纪国际体系为例》认为，雅尔塔体系的最大特征是权力均势指导下的美苏对抗体系的形成，以及集体安全指导下的联合国在世界事务中发挥广泛而深刻的影响。[⑧]

---

① 高硕、孙子东：《从凡尔赛到雅尔塔——试析近代欧洲安全体系》，《河北师范大学学报（哲学社会科学版）》2004年第3期。

② 谭荣邦：《不该把雅尔塔体制与战后冷战格局混为一谈》，《张家口师专学报（社会科学版）》1995年第3期。

③ 范瑞莹：《国际体系变动的新古典现实主义分析——以雅尔塔体系的形成与终结为例》，《湖州师范学院学报》2010年第32卷第6期。

④ 罗锋：《当今世界格局变化的原因及其发展趋势初探》，《昭通师专学报（社会科学版）》1992年第1期。

⑤ 林利民：《关于雅尔塔体制的若干问题》，《高师函授学刊》1994年第5期。

⑥ 王顺奎：《浅析雅尔塔体制的维和功能》，《延边党校学报》2000年第6期。

⑦ 陈敏：《国际体系转换的经济动因》，《内蒙古科技与经济》2004年第14期。

⑧ 权秀贤：《论国际体系对国家安全的影响——以20世纪国际体系为例》，《传承》2010年第21期。

（四）雅尔塔体系的性质

王真的《雅尔塔协定与美苏战略格局》与毛锐的《近10年来雅尔塔体制问题研究的新进展》均认为雅尔塔体系是凡尔赛体系的继续，是大国之间在力量对比发生变化的情况下对世界势力范围的划分。① 黄安年的《反法西斯战争胜利五十周年和雅尔塔体制的兴衰》则认为雅尔塔体系的核心是美苏关系，该体系具有反对法西斯、实行民主政治与大国称霸的双重性质。②

（五）雅尔塔体系的崩溃

1.是否崩溃的问题

关于雅尔塔体系是否崩溃的问题，国内学术界有不同的意见和看法，既有认为该体系已经瓦解的，也有否认其崩溃的，还有研究成果认为雅尔塔体系只是在欧洲部分瓦解，在远东地区仍然发挥作用的。

谭荣邦的《不该把雅尔塔体制与战后冷战格局混为一谈》提出雅尔塔体系存续时间并不是40多年，而是在冷战爆发后不久雅尔塔体系就已被冷战格局所取代。③ 杨和平的《雅尔塔体制“瓦解”质疑》认为苏联解体后，瓦解的是两极国际格局，而非国际体系。④ 张文木的《21世纪的日本将有大动作：挑战雅尔塔体系，步入军事大国》认为雅尔塔体系只是在欧洲范围内解体，在远东地区雅尔塔体系仍然存在，否则亚太和平就会失去法理基础。⑤ 李世安的《从国际体系的视角再论雅尔塔体系》虽同意雅尔塔体系仍未瓦解的说法，但视角和观点均有所不同。该文认为，由于雅尔塔体系的核心是联

① 王真：《雅尔塔协定与美苏战略格局》，《世界历史》1987年第3期。毛锐：《近10年来雅尔塔体制问题研究的新进展》，《山东师大学报（人文社会科学版）》2001年第3期。

② 黄安年：《反法西斯战争胜利五十周年和雅尔塔体制的兴衰》，《历史教学》1995年第6期。

③ 谭荣邦：《不该把雅尔塔体制与战后冷战格局混为一谈》，《张家口师专学报（社会科学版）》1995年第3期。

④ 杨和平：《雅尔塔体制“瓦解”质疑》，《信阳师范学院学报（哲学社会科学版）》2002年第2期。

⑤ 张文木：《21世纪的日本将有大动作：挑战雅尔塔体系，步入军事大国》，《中国与世界观察》2006年第1期。

合国，而战后联合国的存在及长久良好运行说明了雅尔塔体系没有崩溃。[①] 刘建飞的《雅尔塔体系的是与非》也认为联合国未消亡即证明雅尔塔体系未崩溃。[②]

李海君、张战的《论中国与雅尔塔体系的关系》同样主张雅尔塔体系尚未解体，该文充分肯定了中国在战后国际体系中发挥的积极作用，以此论证该体系的存在，并认为雅尔塔体系在亚洲的国际格局中有强化的可能性。[③] 李琦的《中国共产党对战后国际秩序的维护及其战略意义》认为，由于构成雅尔塔体系的制度要素和大国保障远东的法律责任没有变，所以该体系仍未解体，中国共产党及其领导的新中国在其中发挥了关键性作用。[④]

2.崩溃的标志

在认同雅尔塔体系崩溃的研究成果中，关于该体系崩溃的标志也有不同的观点。何发所的《关于“雅尔塔体制”的若干问题》主张雅尔塔体系的消亡过程是从20世纪50年代末60年代初开始的，其突出表现为中苏分裂、美法矛盾和不结盟运动的兴起。[⑤] 滕维藻的《雅尔塔体系崩溃与国际经济形势》认为，雅尔塔体系崩溃的标志是1986年的美苏首脑马耳他会议，1990年春的美、英、法、苏四大国会议或1991年的欧洲安全会议三者其中之一。[⑥] 张志敏的《“雅尔塔体系与战后世界格局”学术讨论会综述》则认为，雅尔塔体系瓦解的主要标志是西欧和日本的崛起、东欧各国政局的急剧变化、两德统一以及美苏关系的全面缓和。[⑦] 陈启懋的《关于世界格局转换的历史回顾》认为雅尔塔体系崩溃的标志是东欧剧变。[⑧] 吴建新的《20世纪世界格局的三

---

① 李世安：《从国际体系的视角再论雅尔塔体系》，《世界历史》2007年第4期。
② 刘建飞：《雅尔塔体系的是与非》，《理论导报》2020年第1期。
③ 李海君、张战：《论中国与雅尔塔体系的关系》，《前沿》2011年第14期。
④ 李琦：《中国共产党对战后国际秩序的维护及其战略意义》，载中共中央文献研究室科研管理部主编《中共中央文献研究室个人课题成果集2015年（下）》，中央文献出版社，2016，第119-132页。
⑤ 何发所：《关于“雅尔塔体制”的若干问题》，《国际展望》1990年第18期。
⑥ 滕维藻：《雅尔塔体系崩溃与国际经济形势》，《世界经济与政治》1991年第3期。
⑦ 张志敏：《“雅尔塔体系与战后世界格局”学术讨论会综述》，《历史教学》1991年第4期。
⑧ 陈启懋：《关于世界格局转换的历史回顾》，《世界历史》1994年第1期。

次变动》认为东欧剧变和两德统一、苏联解体共同构成了雅尔塔体系瓦解的标志。[①] 林良展的《第一次世界大战与现代欧洲政治格局》认为苏联解体标志着雅尔塔体系的瓦解，雅尔塔体系确立的政治格局被打破，欧洲政治格局基本回到一战后的面貌。[②] 梁辉的《统一后的德国对世界多极化的影响》认为德国统一的实现，标志着雅尔塔体系的瓦解。[③]

3.崩溃的原因

陈强的《雅尔塔体制的解体与世界格局新特点》认为，雅尔塔体系崩溃的原因是该体系以及冷战格局受到了世界各国人民的坚决抵制与反对，特别是战后亚非拉地区兴起的民族解放运动，诞生了一大批民族国家，对雅尔塔体系形成了巨大冲击。[④] 廖仲乐的《雅尔塔体制瓦解原因浅析》认为，雅尔塔体系崩溃的主要原因是国际形势变化的影响、苏东内部问题的影响，以及西方国家推行的和平演变的影响。[⑤] 谢金萍的《美国与雅尔塔体系关系初探》提出，世界各种力量竞争、相互消长和不平衡发展变化的综合作用是雅尔塔体系解体的根本原因。[⑥]

（六）雅尔塔体系与冷战的关系

李沛的《从雅尔塔到马耳他——试论战后两极国际格局的形成与演变》认为，雅尔塔体系是两极国际政治格局的雏形，是二战期间各种政治力量相互斗争、彼此消长和重新组合的结果。[⑦] 刘品煌的《简述二战后的雅尔塔体

① 吴建新：《20世纪世界格局的三次变动》，《锦州师范学院学报（哲学社会科学版）》2000年第1期。
② 林良展：《第一次世界大战与现代欧洲政治格局》，《湛江师范学院学报》2000年第4期。
③ 梁辉：《统一后的德国对世界多极化的影响》，《赤峰学院学报（汉文哲学社会科学版）》2005年第4期。
④ 陈强：《雅尔塔体制的解体与世界格局新特点》，《贵州民族学院学报（社会科学版）》1998年第1期。
⑤ 廖仲乐：《雅尔塔体制瓦解原因浅析》，《齐齐哈尔师范高等专科学校学报》2008年第2期。
⑥ 谢金萍：《美国与雅尔塔体系关系初探》，《工会论坛（山东省工会管理干部学院学报）》2010年第16卷第1期。
⑦ 李沛：《从雅尔塔到马耳他——试论战后两极国际格局的形成与演变》，《国际政治研究》1990年第3期。

系》认为，雅尔塔体系集中体现了国际关系中主要矛盾的重大变化，它的确立标志着以欧洲为中心的传统的国际关系格局被美苏两极格局所取代，形成了以美苏为首的资本主义和社会主义两大阵营。① 林利民的《关于雅尔塔体制的若干问题》提出，冷战是在雅尔塔体系和平的总框架内的冷战，是雅尔塔体系内在矛盾作用的结果。② 梁志锋、叶朝华的《冷战结束与两极格局存在的时间辨析》认为，雅尔塔体系存在的时间最早，结束的时间和两极格局一致。雅尔塔体系包含两极格局，也涵盖了冷战。③ 陈安全的《新中国成立与亚洲冷战的形成——国际体系转变的一个解读案例》反对将雅尔塔体系与冷战画等号，认为雅尔塔体系的本质特征是大国妥协、大国合作，而冷战则代表了一种大国敌视、大国对抗的观念意识。④ 薛柳的《雅尔塔体系与冷战的关系》认为，不能说是雅尔塔体系导致了冷战的爆发，只能说雅尔塔体系是冷战爆发的一个前提，为其提供了一个基础；但同时雅尔塔体系也限制了冷战向热战的发展，并且在两极格局瓦解后继续推动世界向多极化发展，加速了全球化。⑤

（七）雅尔塔体系与各国的关系

孙国军的《试论国际格局的演变》认为雅尔塔体系的主要设计者是美国总统罗斯福，该体系反映了罗斯福企图通过大国合作，树立美国在战后世界领导地位的基本构想。⑥ 张盛发的《雅尔塔体制的形成与苏联势力范围的确立》则认为雅尔塔体系满足了苏联对战后调整和安排的大部分要求和愿望，但也对苏联构成了某种约束，即苏联不能染指势力范围以外的地区。⑦ 张昌

① 刘品煌：《简述二战后的雅尔塔体系》，《科教文汇（上旬刊）》2007年第12期。
② 林利民：《关于雅尔塔体制的若干问题》，《高师函授学刊》1994年第6期。
③ 梁志锋、叶朝华：《冷战结束与两极格局存在的时间辨析》，《中学历史教学参考》2017年第4期。
④ 陈安全：《新中国成立与亚洲冷战的形成——国际体系转变的一个解读案例》，《淮北煤炭师范学院学报（哲学社会科学版）》2005年第1期。
⑤ 薛柳：《雅尔塔体系与冷战的关系》，《黑龙江史志》2015年第3期。
⑥ 孙国军：《试论国际格局的演变》，《历史教学问题》1994年第4期。
⑦ 张盛发：《雅尔塔体制的形成与苏联势力范围的确立》，《历史研究》2000年第1期。

林的《20世纪社会主义革命与国际体系》认为，雅尔塔体系对苏联势力范围的认可，有利于东欧和东亚一些国家走上社会主义革命道路，而美英等西方大国对于不属于苏联势力范围的社会主义革命采取包括武力干预在内的遏制政策，在一定程度上影响了相关国家的发展方向。[①]

罗向阳的《试论雅尔塔体制与两次中苏条约的签订》提出，1945年的《中苏友好同盟条约》和1950年的《中苏友好同盟互助条约》的签订正是雅尔塔体系在远东政策的产物。[②] 王京生的《雅尔塔体制与战后初期远东政局》认为雅尔塔体系继承和发展了凡尔赛体系中的大国强权政治原则，对东亚局势产生了巨大的消极影响，直接导致了中国内战的爆发和朝鲜的分裂。[③] 王真的《雅尔塔格局与新中国的历史走向》也认为雅尔塔体系对中国革命是不利的。[④] 张星星的《雅尔塔体系与中国人民革命的胜利》进一步指出，雅尔塔体系的基本格局相对均衡，以及美苏在中国问题上的相互妥协、牵制与对抗，使战后的中国面临着错综复杂的国际环境。[⑤] 赵志辉的《雅尔塔体系的形成与中国关系的再认识》不同意雅尔塔体系完全不利于中国的观点，指出雅尔塔体系有关中国问题的安排还包括有关中国国际地位和对日本占领中国领土的处理规定，这对中国具有非常重要的积极作用。同时，该文也注意到雅尔塔体系对中国的消极影响，指出雅尔塔体系所造成的两极冷战格局是中国大陆与台湾长期不能统一的重要原因。[⑥] 此外，孙勇的《雅尔塔体系与"西藏问题"历史的内在联系》关注到雅尔塔体系对中国局部地区的影响，

---

① 张昌林：《20世纪社会主义革命与国际体系》，载《中国国际共产主义运动史学会 会议论文集》，中国国际共产主义运动史学会，2018，第191-198页。

② 罗向阳：《试论雅尔塔体制与两次中苏条约的签订》，《黔南民族师专学报（哲学社会科学版）》1994年第4期。

③ 王京生：《雅尔塔体制与战后初期远东政局》，《辽宁师范大学学报（社会科学版）》1993年第1期。

④ 王真：《雅尔塔格局与新中国的历史走向》，《中共党史研究》2000年第4期。

⑤ 张星星：《雅尔塔体系与中国人民革命的胜利》，载《第三届近代中国与世界国际学术研讨会论文集·第二卷·政治·外交（下）》，中国社会科学院近代史研究所，2010，第258-267页。

⑥ 赵志辉：《雅尔塔体系的形成与中国关系的再认识》，《南京社会科学》2000年第6期。

认为雅尔塔体系与中国西藏地区在20世纪50年代初所发生的变化有着密切关系，对冷战结束之后的“西藏问题”也有一定的影响。[①]

（八）对于雅尔塔体系的评价

已有研究成果对雅尔塔体系的评价既看到了其积极作用，也关注了其消极影响。总体来说，肯定其积极作用的成果占据主流。邹其昌的《“雅尔塔体制”概念辨析——兼议战后国际体制问题》指出，雅尔塔体系中的审判战犯，铲除法西斯主义和军国主义，对德国和日本进行民主改造，建立联合国以维护世界和平和促进国际合作，都决定了其具有划时代的进步意义。[②]纪胜利的《试论二战后国际秩序发展的多变性》认为雅尔塔体系的确立是人类社会走向进步的标志，奠定了战后国际秩序发展的重要基础。[③] 丁晋清的《雅尔塔体制与世界总体和平》认为雅尔塔体系奠定了战后世界总体和平的基础，抑制了冷战的升级和战争的爆发，促使世界格局由两极向多极发展。[④]胡利胜、荣莉的《“体系”下法德和解原因探析》提出，雅尔塔体系的形成对第二次世界大战后法德关系的和解起到了推动作用，为法德和解提供了可靠的政治环境。[⑤] 徐蓝的《雅尔塔遗产：和平与发展的空间》指出，雅尔塔体系第一次将两种不同社会制度的国家纳入了同一个国际关系体系，其对战后世界的和平与发展产生了极大的正面作用。此外，由雅尔塔体系演变而来的两极格局中同时也孕育着一个多极化的世界。[⑥] 高硕、孙子东的《从凡尔赛到雅尔塔——试析近代欧洲安全体系》认为，雅尔塔体系在战后欧洲进入

① 孙勇：《雅尔塔体系与“西藏问题”历史的内在联系》，《中央民族大学学报（哲学社会科学版）》2013年第40卷第6期。

② 邹其昌：《“雅尔塔体制”概念辨析——兼议战后国际体制问题》，《世界经济与政治》1991年第1期。

③ 纪胜利：《试论二战后国际秩序发展的多变性》，《北方论丛》1995年第4期。

④ 丁晋清：《雅尔塔体制与世界总体和平》，《广东党史》1997年第2期。

⑤ 胡利胜、荣莉：《“体系”下法德和解原因探析》，《黑龙江教育学院学报》1999年第2期。

⑥ 徐蓝：《雅尔塔遗产：和平与发展的空间》，《世界知识》2000年第16期。

长期相对和平的局面中发挥了重要作用。[1] 童小溪的《从雅尔塔到富尔顿：对美苏冷战史的反思》认为雅尔塔体系的重要性在于它为战后的世界格局做出了全面、系统和细致的安排。[2] 杨和平的《雅尔塔体制与全球化》指出，雅尔塔体系中的经济体制（国际货币基金组织、国际复兴开发银行和关贸总协定）对后来的全球化起到了积极的推动作用。[3] 卞秀瑜的《雅尔塔格局与战后世界和平》认为雅尔塔体系本质上是一种和平的世界格局，为战后世界和平奠定了较为坚实的框架性和机制性基础，在冷战结束后仍然发挥着维护世界和平的积极作用。[4]

关于雅尔塔体系消极作用的研究，多数成果是批评雅尔塔体系的大国政治和强权政治的。在《世界历史》1990年11月的天津讨论会上，顾德欣就指出雅尔塔体系是一个威胁世界和平的国际体制，对战后和平主要起了消极作用，应谴责该体制所表现出来的强权政治特征。张志则强调雅尔塔体系对东欧的消极作用要大于西欧，它们在雅尔塔体系下必须受制于苏联，照搬苏联模式。为了与西方军事集团对抗，它们和苏联一样要优先发展与国防有关的重工业，结果造成国民经济比例失调，人民内部矛盾激化，与苏联间的民族矛盾激化；加之西欧势力的作用，致使政治事件层出不穷。[5] 王晓华的《第二次世界大战对世界格局产生的影响》详细列举了雅尔塔体系的消极作用：（1）雅尔塔体系下形成的美苏两极格局带来了国际矛盾对立程度和规模的扩大；（2）雅尔塔体系本意虽为惩罚发动第二次世界大战的法西斯国家，但它本身又体现了大国的强权政治，因而这一体系为苏联推行强权政治开创了先例；（3）重划国界、分裂国家、造成人口大迁移，不利于对世界局势的长期稳定，埋下了战后发生国际纠纷的定时炸弹；（4）构建了不平等的国际关系

① 高硕、孙子东：《从凡尔赛到雅尔塔——试析近代欧洲安全体系》，《河北师范大学学报（哲学社会科学版）》2004年第3期。

② 童小溪：《从雅尔塔到富尔顿：对美苏冷战史的反思》，《江西社会科学》2006年第1期。

③ 杨和平:《雅尔塔体制与全球化》，《西华师范大学学报（哲学社会科学版）》2009年第2期。

④ 卞秀瑜：《雅尔塔格局与战后世界和平》，《理论界》2012年第11期。

⑤ 沈永兴、张志、顾德欣等：《雅尔塔体制与战后世界格局》，《世界历史》1991年第1期。

和经济秩序，阻碍了世界各国的经济和社会发展；（5）造成军事上的两极分化和两大军事集团的对立，以致成为战后世界紧张局势和危机的直接现实根源。[①]

有些研究成果对雅尔塔体系的看法比较中立，既看到了雅尔塔体系的积极作用，也注意到了该体系的不利影响。例如杨泽伟的《雅尔塔体制与联合国》就提出，雅尔塔体系为联合国的诞生铺平了道路，同时以雅尔塔体系为基础的国际格局也使联合国陷入了困境。[②]

① 王晓华：《第二次世界大战对世界格局产生的影响》，《云南民族大学学报（哲学社会科学版）》2005年第4期。

② 杨泽伟：《雅尔塔体制与联合国》，《武汉大学学报（哲学社会科学版）》1997年第4期。

后　记

过去几年，本人在主讲硕士研究生课程“近现代国际关系史专题”的过程中注意到，港澳台侨学生虽然对外文文献相对较为熟悉，但对国内学术界的研究成果却不甚了解，对部分史实的理解也存在较大偏差。为此，本人在学校的资助下，将历年积累的讲义、学生课堂发言记录、课程作业整理成书，作为港澳台侨研究生选修“近现代国际关系史专题”的专用教材。

“近现代国际关系史专题”的课堂教学一般分为史实陈述、文献综述、论文选讲三个环节，师生围绕同一主题交流探讨。论文选讲环节是由学生自由摘选文章，教师并不作指定，因此本书的内容仅涉及前两个环节，即简要的史实梳理和近40年来国内研究成果综述。

在本书的编写过程中，参考借鉴了刘德斌主编的《国际关系史》（高等教育出版社2003年版），方连庆、王炳元、刘金质主编的《国际关系史》（北京大学出版社2006年版），唐贤兴主编的《近现代国际关系史》（复旦大学出版社2015年版）等经典教材。不过，由于本人学术水平和专业能力有限，书中若有错谬之处，尚请方家批评指正。

编者

2021年12月